教師のチームワークを成功させる6つの技法

パティ・リー 著／石隈利紀 監訳／中田正敏 訳

誠信書房

Collaborative Practices for Educators: Strategies for Effective Communication
by Patty Lee, Ed.D.

Copyright © 1999 Peytral Publications, Inc. All rights reserved.
Japanese translation rights arranged with Peytral Publications, Inc.
through Japan UNI Agency, Inc., Tokyo.

訳者まえがき

　この本を初めて読んだのは十数年前になります。インクルージョンに関する書籍を集めている時に出会いました。学校組織の中で同僚とのコミュニケーションをとることの難しさは，文化の違いにもかかわらずあるのだということに新鮮な感覚を覚えました。また，子どもとの対話的な関係性を同僚とのコミュニケーションの改善に活用するという考え方や，コミュニケーションの改善の方略を「ひとりでできること」に限定せずに，「なかま同士でできること」や「みんなでできること」として組織的に取り組むという実践的な方法に惹きつけられました。

　その後，管理職として学校組織の運営に携わる機会がありましたが，対話的な関係性を重視したインクルーシブな学校づくりをめざす実践の中で，この本に書かれている内容とよく似た場面に実際に出会うことになります。この本を読んでいなければ，学校内の協働的なチームによる支援の取り組み，その基盤となる対話的関係性の萌芽に気づかなかったことが多かったと思います。

　さて，著者のパティ・リーは，この本が研修の資料として役立つことについて触れています。そこで，皆さんに是非試していただきたい具体的な研修を1つ紹介したいと思います。

　この本には「チームワークの活性化に役立つヒントカード」（巻末）が収録されています。具体的には，「意見の合わない同僚に対処するための10のヒント」などセクションが10ほど設定されています。以下は，これを活用した入門研修です。

＊　＊　＊

セッション1

　まず始めに,「ヒント」の中からもっとも気になったもの,印象に残ったものを選択してください。選ばれたものにはそれぞれ,背景となるコミュニケーションに関わるエピソードがあります。そこで,研修者同士でペアを組み,それぞれ何を選んだのか,それを選んだ理由について,お互いに情報をやりとりします。この時,自分がまったく印象に残らなかった,あるいは興味を感じなかったヒントを選んだ相手の話を聞いて,自分と同じようなコミュニケーションに関する体験やエピソードを聞くことがあります。また,相手と同じヒントを選んでいるのに,まったく異なるエピソードを聞ける場合もあるでしょう。このようにして新鮮な情報共有の場ができるため,第3章にもある「さまざまなものの見方を理解する」ことを実感できるのです。

セッション2

　2つめのセッションでは,ペアを組む相手を変えて同じことを繰り返します。2回目なので慣れたこともあり,たいていは話し方を自然に工夫して話し手として成長するのですが,聞くことについては前のセッションと同じような形になることが多いようです。

セッション3

　3つめのセッションでは,少し時間をかけて,第5章の「人の話を聞く」,第6章の「明確に話す」を読みます。そして,それぞれの10の方略の中から1つ努力目標を選び,意識的に努力しながら先ほどのセッションを実施してみましょう。やりとりの中で,それぞれが選んだ方略とそれを選んだ理由も話題にします。ここでは,第4章の「質問する」を使うことも有効ですし,第3章の「さまざまなものの見方を理解する」から目標を設定した上で,セッションを行うことも意味があると思います。

上記の1〜3のセッションを経験した後で，第2章の「前もって準備しておく」や第1章の「今後に期待をもつ」を読むと，それらの意味がひときわ明確になります。

　こうした実際のやりとりを行うことで，自らの現在のコミュニケーションのとり方が意識化され，それを改善するための方略が発見されるでしょう。そして，何よりも，すでに自分のコミュニケーションのとり方はかなり改善されている，という発見があると思います。

　そして，発見したことについてお互いにやりとりをする中で成果を共有してみましょう。コミュニケーションに関わる問題は，実際のコミュニケーションを通して解決の糸口をつかむことができるということが実感できると思います。

訳者　中田正敏

序　文

　私たち教職員は，今日の学校におけるチームワークのためのなくてはならない人材です。

　私たちが変革の担い手なのです。どんな技術革新が起ころうと，どんな使命が求められようと，私たち人間こそがその活動の中心にいるのであり，その意味で，コミュニケーションが協働の基盤になるでしょう。

なぜ，「チームワーク」が大事なのか

　今日の学校に求められているのは，インクルーシブな，多様性を尊重した教育をさらに推進することです。多様で複雑なニーズをもった生徒が学校に来るようになってきていますので，私たちが従来使っていたような学習モデルの中には，これから先の生徒のニーズには役に立たないものもあるでしょう。

　例えば，「取り出しプログラム*」がいつも効果的であるとは限りません。生徒がその環境で学んだスキルを，その他の環境で応用することができない場面がたくさん出てきています。

　しかし，生徒の学習ニーズが多様であるからといって，各々のニーズに対応し，その都度新しい専門家と共に新たなプログラムを創りだす余

＊　特定の子どもを学級から"取り出し"て，個別または小グループで指導するプログラム。

裕は私たちにはありません。

　だからこそ，私たちは教育者として，私たちの努力の中心に子どもをおいて協働的に仕事をしていく必要があるのです。要するに，私たちは「これは誰の仕事という考え方ではなく，誰と一緒にやる仕事なのか，という考え方で互いに関わり合う」ことを学ばなければならない時代に生きているのです。

　コ・ラボレーション（協働）という言葉は2つの部分から成り立っています。「コ（co）」は「一緒に」を，「labor」は「仕事をする」を意味しています。

　教員は仕事において，他者との協働という，新しく，また時には難しく感じることを要求されています。
　かつては，個々の教員が互いに侵すことのできない神聖な空間であった教室で，今や，複数の教員が同時に働くことが多くなってきています。一方で，総合的学習が進みつつあるため，教員自身についても，各々の専門教科を統合させて，生徒が最大の利益を得られるように共通の土台に立って働かなくてはならない状況になっています。

　この本は，あなたが同僚，保護者，生徒，行政関係者と協働することを支援する目的で書かれました。提示されている方略や実践は，通常教育あるいは特別支援教育の分野で蓄積された30年間以上の現場の経験から導き出されたものです。
　教員，支援スタッフ，専門家，保護者，生徒が，それぞれの立場で経験した実際の事例や，そこで示唆されたもの，成功例，失敗例を提供し，本書のアイディアに貢献しています。
　本書の中で述べられている方略と実践を実際に試みているうちに，あなたは自分がどのコミュニケーション・スキルを自然と使いこなしているか，あるいは，どのコミュニケーション・スキルにおいては改善の余

地があるのかに気づくでしょう。

そして本書を読むことで，すでに「知っていること」を**どのようにすれば**実際に「使う」ことができるようになるのか，学ぶことができるはずです。

❀ この本の内容

この本はある前提のもとに書かれています。

それは，あなたがあなたと同じ大人である同僚の教員との関係よりも，生徒との関係のほうでずっと協働的にふるまっているということです。生徒が相手の場合は，保護者，支援スタッフ，同僚相手よりもより自然に効果的なコミュニケーションがとれます。生徒の言うことならば，じっと耳を傾けることができるし，意味のある質問をすることもできます。「どうして，そういうことをするのか」を理解しようとするし，自分たちをよく理解してもらうことに精力を費やし，考え違いをしていないかなど，実によく気を配っています。

ところが相手が大人となると，しばしばコミュニケーションがおざなりになってしまいます。平気で相手の話の腰を折ってしまうこともあり，相手を理解しようとするよりも自分自身の主張を通すことに労力を費やしたり，親身になって話を聞くことに気乗りがしなかったり，自分を表現する方法については無頓着であったりすることが多いのです。

こうした傾向は大人の間ではよく見られますが，生徒が相手の場合に発揮されるコミュニケーション・スキルを，同僚との間でも同じように使いこなせるようになると，それは協働の基盤の構築に繋がります。この協働の基盤は，効果的なコミュニケーションに関する6つの重要な領域で構成されています。

> ■1 今後に期待をもつ ── 結果を予期し，予想すること。
>
> ■2 前もって準備しておく ── お互いのやりとりを促進するために，前もって計画し，資源を集めておくこと。
>
> ■3 さまざまなものの見方を理解する ── さまざまな意見を認め，承認し，尊重すること。
>
> ■4 質問する ── より多くの情報を求めること。
>
> ■5 人の話を聞く ── 話し手の言葉を理解するよう意識的に努力すること。
>
> ■6 明確に話す ── 意図していることがきちんと相手に伝わるようなメッセージを送ること。

　本書の6つの章は，以上に示された6つの領域にそれぞれ対応しています。各章は〈知っていること〉〈やっていること〉〈できること〉の3つの部分でできています。

〈知っていること〉
① その領域について，私たちがすでに知っていることは何か，について説明します。
② そして，その領域がどうして効果的なコミュニケーションにとって重要なのか，について説明をします。

〈やっていること〉
③ 教室の中で生徒に対してとっている行動と，大人に対してとって

いる行動を比較し，その違いを明確にします。

〈できること〉
④　その領域で使う方略を10個あげます。
⑤　そして，10個の方略のそれぞれについて，教育の環境で試みることができる3つの実践を提案します。
⑥　その3つの実践とは，「ひとりでできること」「なかま同士でできること」「みんなでできること」です。

つまり本書には，あなたのコミュニケーションを改善し，さらにはあなたの協働を改善するのに役立つであろう60の方略と180の実践が載っているのです！

❀ この本の活用法

　本書は，コミュニケーションに関する6つの章のどれから読み始めてもかまいません。もし，誰か他の人と一緒に試みる準備がまだ整っていないのなら，とりあえず，アイディアのうちのいくつかをまず自分一人でやってみることをお勧めします。また，あなたが所属する学年団あるいは教科や校務分掌で，いくつかのアイディアを共に実践することを提案してみてもよいでしょう。コミュニケーションのある1つの領域を優先して実践してみるのもよいでしょうし，一度にいくつかの領域を試みてみるのもよいでしょう。

　実践したことと観察された結果を日誌などに書いて記録をとっておけば，さらに効果的に学べると思います。「何をしたか」「その時どう感じたか」「コミュニケーションの中で何を学んだか」などについて記録は役に立つはずです

また，あなたにとって何が有効であったか，何が有効でなかったか，について書きとめておくことも重要です。間違っても，あなたのコミュニケーションのやり方すべてを一朝一夕にして変えてしまおうなどと思ってはいけません。何らかの意味のある変化を起こそうとする時には，それなりの時間と実践が必要だからです。自分自身と辛抱強く向き合い，より満足のいく効果的なコミュニケーションに向け，進歩した部分を一つひとつ書きとめておくようにしましょう。

　この本は教員養成や教育に携わる人たちの研修においてかなり役に立つ資料となるはずです。教員は，本書を，今実践しているコミュニケーションについて吟味し，検討するためのツールとして使うことができます。たとえ僅かな変化であっても，それが教育チーム内のコミュニケーションをとてもスムーズにすることはよくあることです。

　また，この本で提案されている実践は，現状を検討する際のきっかけ作りとしても利用することができます。学校の状況や特定の問題に対応した，新しい方略を創ることもできるでしょう。中等教育以上の段階を担当する教育関係者は，本書で紹介されている実践的なアイディアを活用し，効果的なコミュニケーション・スキルを生徒に教えることができると思います。
　この本で紹介されている方略と実践は，すべての教育環境で使えるよう，一般的で応用可能なものにしてあります。

目 次

訳者まえがき [iii]

序　文 [vii]

- なぜ，「チームワーク」が大事なのか [vii]
- この本の内容 [ix]
- この本の活用法 [xi]

第1章　今後に期待をもつ [1]

- 知っていること [2]
- やっていること [3]
- できること：今後に期待をもつための10の方略 [4]

> ★ 今後に期待をもつための方略と実践
> ——ひとりで・なかま同士で・みんなでできること！

方略１．専門家の集まるミーティングの場で効果的なコミュニケーションを行うために，前もって基本ルールの合意を形成しておく。[5]

方略２．新メンバーや新しい訪問者に対して，基本ルールのオリエンテーションを行う。[6]

方略３．あなたとは異なる意見をもつ人が発言しそうなことや，

あなたがそれにどう対応するか,予想をしておく。[7]

方略4. 割り当てられた時間の中で,あなたがやり遂げられると予測していること,またはそうでないことについて相手にはっきり伝えておく。[8]

方略5. ミーティングの最初に,参加者が何を期待しているのかをみんなで確認する機会を設ける。[9]

方略6. 各人の役割とその責任について定期的に検討するミーティングの時間を確保する。[10]

方略7. 同僚が生徒,その保護者,そしてあなた自身に何を期待しているのかを聞く。[11]

方略8. コミュニケーションの様子を日誌に記録し,それをパターンやテーマ別に分析する。[12]

方略9. 次に対話する機会に,自分が積極的で,かつ生産的なコミュニケーションを行っている良いイメージを心の中に描き,さらにそれを図やイラストにして見えるようにしておく。[13]

方略10. 仕事上で起こる恐れのあるコミュニケーションの破綻を予測しておく。[14]

第2章　前もって準備しておく [17]

❁ **知っていること** [18]
❁ **やっていること** [19]
❁ **できること：前もって準備しておくための 10 の方略** [20]

★ 前もって準備しておくための方略と実践
──ひとりで・なかま同士で・みんなでできること！

方略１．ミーティングに最適な場所と座席配置について検討し，少しでも効果的な設定にしていくプロセスを確立する。［21］

方略２．参加者の質問や懸案事項をもとに，ミーティングの議題や流れを決める。［22］

方略３．チームメンバーが「もっている情報」や，「さまざまな経験から得た知識」を定期的に検討する。［23］

方略４．ミーティングにおけるチームメンバーの行動を観察し，それを評価する方法を決める。［24］

方略５．さまざまなタイプのミーティングの目的や意図を検討する。［25］

方略６．コミュニケーションを改善するために，年間の目標を設定する。［26］

方略７．コミュニケーションに関する年間目標にむけての進捗状況をチェックする。［27］

方略８．あなたが関わっている相手からフィードバックをもらえるようにする。［28］

方略９．普段の仕事について，いつもとは違う新しい方法で取り組んでみる。［29］

方略10．長期休業中の時間を使って，今後生じる可能性があるコミュニケーションの問題を予測する。［30］

第3章 さまざまなものの見方を理解する[33]

- **知っていること** [34]
- **やっていること** [35]
- **できること：さまざまなものの見方を理解するための10の方略** [36]

> ★ さまざまなものの見方を理解するための方略と実践
> ——ひとりで・なかま同士で・みんなでできること！

方略１．他の人が意見を述べるのを促す方法を開発する。[37]

方略２．あなたとは異なるものの見方をもつ人々の言うことに注意深く耳を傾ける。[38]

方略３．大人の学習スタイルにもそれぞれ違いがあることを学ぶ。[39]

方略４．ものごとへの理解を深め，決めつけることを減らすような習慣を身につける。[40]

方略５．排除的にならず，誰でも受け入れるような考え方や話し方を身につける。[41]

方略６．人々の良き観察者となるよう努める。[42]

方略７．無意識に行っている内話（自分の見方）に対する意識を高める。[43]

方略８．対立する複数の意見が載っている文章を読み，それぞれの意見を理解する練習をする。[44]

方略9．人を理解するのに役立つ，新たな方法を考え出す。[45]
方略10．沈黙の重要さを知る。[46]

第4章　質問する [49]

❀ 知っていること [50]
❀ やっていること [51]
❀ できること：質問するための 10 の方略 [52]

> ★ 質問するための方略と実践
> ——ひとりで・なかま同士で・みんなでできること！

方略1．自分の質問の仕方について意識を高める。[53]
方略2．会話や討論において「質問すること」と「何かを述べること」をバランスよく行う。[54]
方略3．「開かれた質問」の仕方を学ぶ。[55]
方略4．話し手が述べていることに関して質問する力を伸ばす。[56]
方略5．相手に脅威を与えない質問の仕方を見つける。[57]
方略6．質問することで，相手のメッセージの意味するところを理解する機会を活かす。[58]
方略7．質問の意図を意識する。[59]
方略8．質問することの価値を認識する。[60]
方略9．質問することを，あなたの同僚からサポートを得る手段として活用する。[61]
方略10．哲学的な問い（キャリアや人生に関する問い）を同僚にしてみる。[62]

第5章　人の話を聞く [65]

❀ 知っていること [66]
❀ やっていること [67]
❀ できること：人の話を聞くための 10 の方略 [68]

> ★ 人の話を聞くための方略と実践
> ——ひとりで・なかま同士で・みんなでできること！

方略１．話すのに用いるのと同じ分だけのエネルギーを，聞くことにも費やすようにする。[69]

方略２．聞く態度を定期的にチェックする習慣をつける。[70]

方略３．あなたが周囲の人に聞き手になって欲しい時，それをきちんと知らせる。[71]

方略４．聞く時間を意識的に日課に組み込む。[72]

方略５．聞くことやそれが生み出す効果を観察できるようになる。[73]

方略６．聞くことをえり好みしているという自覚を高める。[74]

方略７．効果的に聞くことを妨げているものの正体を明らかにする。[75]

方略８．効果的に聞くことを妨げる障壁を意識的に取り除く。[76]

方略９．非言語的なメッセージに注意を払えるようになる。[77]

方略10．メッセージの意図や目的を聞き取る。[78]

第 6 章　明確に話す [81]

- **知っていること** [82]
- **やっていること** [83]
- **できること：明確に話すための 10 の方略** [84]

> ★ 明確に話すための方略と実践
> ——ひとりで・なかま同士で・みんなでできること！

方略 1．「私は〜」というメッセージの使い方を学ぶ。[85]

方略 2．自分のメッセージがちゃんと理解されているかについて，責任をもつ。[86]

方略 3．あなたのメッセージに対するフィードバックをもらえるようにする。[87]

方略 4．メッセージの声の調子を意識する。[88]

方略 5．コミュニケーションの間にも，メッセージが理解されているかどうか確認する習慣をつける。[89]

方略 6．話し言葉の語彙を増やす。[90]

方略 7．言うべきことがあったのに，それを口にしようとしなかった状況を反省してみる。[91]

方略 8．意見を言わずに，ひっこめてしまいそうになる状況でも，あえて意見を言える方法を見つける。[92]

方略 9．自分自身が話している行動を観察できるようになる。[93]

方略10．あなたが話し方を真似したいと思うようなロールモデルを決めて，そのモデルを観察する。[94]

チームワークの活性化に役立つヒントカード

――あなたの日々の生活でのストレスを減らし，生産性を上げるための100のアイディア [97]

① 意見が合わない同僚に対処するための10のヒント [98]
② エネルギーを上手に，効果的に活用するための10のヒント [99]
③ 一緒に支援にあたるスタッフと効果的に協働するための10のヒント [100]
④ 差し障りの無いように異なる意見を伝えるための10のヒント [101]
⑤ 一方的に決めつける言葉を使わないための10のヒント [102]
⑥ 自分の言いたいことを伝えるための10のヒント [103]
⑦ 自分を主張するための10のヒント [104]
⑧ 相手から最良のものを引き出すための10のヒント [105]
⑨ ものごとをあなた個人に向けられたものとして捉えないようにするための10のヒント [106]
⑩ このヒントカードを活用するための10のヒント [107]

おわりに [108]
著者から [108]
参考図書 [109]
用語集 [110]
監訳者あとがき [111]

第1章 今後に期待をもつ

信じたことは，実現する

Wayne Dyer, 1989, AvonBooks

❀ 知っていること

　「今後に期待をもつ」とは，予期すること，前もって考えること，これから何が起こりどのような結果になるかを予想することです。

★ 期待をもつことで，将来起こりうる出来事に関して，それを自分の力である程度コントロールし，対処できるだろうという自信のような感覚を身に付けることができます。

★ 期待をもっていると，人とやりとりをする場合に能動的に対応できるようなり，受動的に反応することがなくなります。

★ 人とのコミュニケーションを前もって考えることにより，成り行き任せの対応がなくなり，より良い成果が得られるようになります。

★ 今後起こる可能性のあるさまざまな出来事を予期することで，柔軟性が高まり，幅広い問題に対応することが可能になります。

★ 人とのやりとりの流れや動きを予期できるようになるため，自分とは異なる意見を受け止め，受け入れる力が養われます。

やっていること

	子どもに対してこの領域でよくやっていること	大人に対してこの領域で時々やっていること
1	子どもに、教室のルールや行動の基準を（きちんと）説明したり、一緒にルールを作ったりする。	同僚とのミーティングは、前例に従って実施する。
2	基本ルールについて子どもと話し合い、子どもにそれを示す。	初心者に対しては、口コミといった非公式な方法に頼りながら、基本的なルールは相手が（勝手に）「見つけ出して」くれることを期待する。
3	課題を完成させるための時間の配分を考慮し、必要によっては宿題とする。	仕事を決められた時間枠の中へ強引に「はめこむ」ようにする。
4	どの時間帯がどういった勉強に最も適しているかを判断する。	従来通りに割り当てられた時間がすべてだと決め込む。
5	効果的な教育を行うためのグループ分けをする前に、子ども同士の人間関係に配慮する。	人間関係を固定的に捉え、「現状から何も変わりはしない」と考えている。
6	子どもと教師との間の役割分担や責任をその都度きめ細かく考案するようにしている。	従来からの役割分担（例えば、心理士）に当然のように従って、責任をもって行う仕事（この場合、心理検査）を割り当てる。
7	日々起こりうる危機や学習の中断、学習の遅れについて認識している。	仕事（例えば、IEP*等を作成する会議。本書では援助チーム会議とする）が前もって決められた時間内にすべて終了して当然であると考える。
8	学習の様式や能力の個人差に応じて指導を調整する必要があると予想している。	誰でも同じ方法（しかも、自分と同じ方法）によって情報を処理すると決め込んでいる。

※ IEP〈Individualized Education Program〉は、「個別の教育計画」と訳されるが、特別な教育ニーズをもつすべての子どものために作成される日本では、「個別の指導計画」「個別の教育支援計画」がある。

❋ できること： 今後に期待をもつための 10 の方略

1. 専門家の集まるミーティングの場で効果的なコミュニケーションを行うために，前もって基本ルールの合意を形成しておく。
2. 新メンバーや新しい訪問者に対して，基本ルールのオリエンテーションを行う。
3. あなたとは異なる意見をもつ人が発言しそうなことや，あなたがそれにどう対応するか，予想をしておく。
4. 割り当てられた時間の中で，あなたがやり遂げられると予測していること，またはそうでないことについて相手にはっきり伝えておく。
5. ミーティングの最初に，参加者が何を期待しているのかをみんなで確認する機会を設ける。
6. 各人の役割とその責任について定期的に検討するミーティングの時間を確保する。
7. 同僚が生徒，その保護者，そしてあなた自身に何を期待しているのかを聞く。
8. コミュニケーションの様子を日誌に記録し，それをパターンやテーマ別に分析する。
9. 次に対話する機会に，自分が積極的で，かつ生産的なコミュニケーションを行っているイメージを心の中に描き，さらにそれを図やイラストにして見えるようにしておく。
10. 仕事上で起こる恐れのあるコミュニケーションの破綻を予測しておく。

★今後に期待をもつための方略と実践
──ひとりで・なかま同士で・みんなでできること！

方略 1.
専門家の集まるミーティングの場で効果的なコミュニケーションを行うために，前もって基本ルールの合意を形成しておく。

- **ひとりでできること**：ミーティング中のあなた自身の話すスキルや聞くスキルを書きとめておくようにしましょう。より良いコミュニケーションを行うために，次のミーティングで何か変えられることはありますか。あればやってみましょう。

- **なかま同士でできること**：あなたと一緒にミーティングに参加する同僚と話をして，「私たちが参加しているミーティングで，より良いコミュニケーションが行われるためにはどうすればよいか」聞いてみましょう。そして，このディスカッションから得られた示唆をもう少し規模の大きいグループに提案しましょう。

- **みんなでできること**：それぞれの人が，次の文を完成させてみましょう。

「私たちのチームのコミュニケーションは，私たちが（　）をすれば，かなり改善されるだろう」

それぞれの回答を付箋紙に書いて貼り付け，どれが実行可能であるか検討してみましょう。参加者にそれぞれのベスト3を決めてもらい，その後で全体のランキングを出してグループ全体でのベスト3を決めましょう。これらの活動に力を注ぎましょう。

方略 2.
新メンバーや新しい訪問者に対して，基本ルールのオリエンテーションを行う。

- **ひとりでできること**：あなたが責任をもって会議の前に保護者と会って，どのような流れで進むのか（参加者，次第，時間の流れ）を説明すると共に，参加者には事前に会議の次第を配布しておきましょう。

- **なかま同士でできること**：ほとんどの援助チームの会議にはゲスト（保護者，生徒，一般の教員あるいは地域の代表といった，ミーティングに毎回は参加しないメンバー）が出席する機会があると考えられます。そこで，常時参加しているチームの核となるメンバーの一人を選び，ゲストに対して，会議における基本のルールや典型的なプロセスについてあらかじめ説明し，理解してもらいましょう。

- **みんなでできること**：グループのメンバーの了承を取って，ビデオあるいはボイスレコーダーでいつも行っているような典型的なミーティング（職員会議，学年会あるいは，援助チームの会議）を記録し，新しいメンバーや訪問者が見たり，聞いたりできるようにしておきましょう。

方略 3.
あなたとは異なる意見をもつ人が発言しそうなことや，あなたがそれにどう対応するか，予想をしておく。

- **ひとりでできること**：さまざまな場面においてあなたと意見が対立しがちな同僚を思い浮かべてください。その人が意見を詳しく述べるのを促すような質問を5つほど考え，書き出しておきましょう。

- **なかま同士でできること**：ある問題に関して異なる意見をもつ2人に話を聞いてみましょう。その際，特に何かコメントすることは差し控えて，ただ質問することを心がけてください。そして，あなただったらこの二者間の議論をどのように調停するか，考えてみましょう。

- **みんなでできること**：ある問題についてあなたがどう感じ，どう考え，何を信条としているかについて具体的に書き出して，あなた自身のものの見方を明らかにしておきましょう。次に，自分とは反対の見方をもつ人が，同じ問題に対してどのように感じ，どのように考え，何を信じているのかについて考え，書き出してみましょう。

方略4.
割り当てられた時間の中で，あなたがやり遂げられると予測していること，またはそうでないことについて相手にはっきり伝えておく。

- **ひとりでできること**：同僚があなたに話しかけてきた時に，あなたが十分にその話に注意を払うことができない場合（例えば，何か急いでいる時や，他のことで頭がいっぱいだったり気が散ったりしていて，それどころではない場合）次のように言ってみましょう。

「あなたの話を聞きたい気持ちはとてもあるのですが，残念ながら今は集中して聞けない状態なんです。申し訳ないけれど，可能なら，また後で話してくれるととても助かります」

- **なかま同士でできること**：同僚と何か計画を立てるための話し合いを始める際（例えば，共通する1つのテーマに基づいて，教科横断型のチームティーチング〈TT〉を行う科目を開発する場合など）には，次のように言ってみるとよいでしょう。

「試しにいくつか教材をもってきたんだけど，TTで使えるかどうか，一緒に検討していただけませんか。それから，今回の話し合いで，どれぐらい話を詰めればよいでしょうか」

- **みんなでできること**：援助チームの会議の冒頭で，次のように言っておきましょう。

「本日の会議では，生徒の成長や進歩を確認し，そして今後どのような援助を提供していくか，決定したいと思います。このために約1時間設けてあります。万が一，時間内ですべての検討事項について話し合えなかった場合には，みなさんの同意がいただければ，もう一度こういった機会をもちたいと思います」

方略 5.
　ミーティングの最初に，参加者が何を期待しているのかをみんなで確認する機会を設ける。

- **ひとりでできること**：今度同僚とやりとりする中で，メンバーは何と言うか／するか，あなたは何と言うか／何をするか，といった，起こるだろうと予測できることを書き出しておきましょう。やりとりの終了後，その予測はどの程度正確だったかも併せて記録しておきましょう。

- **なかま同士でできること**：事前に保護者に対して，子どもの成長や進歩に関する質問を3つぐらい書き込める用紙を送付し，記入して保護者会にもってきてもらうよう，依頼しましょう。会議の初めには保護者にその質問を読み上げてもらい，そして会議を通して参加者が参照できるように，模造紙か図表などにそれらの質問をまとめておくことも大切です。

- **みんなでできること**：出席者が会議を通してそれぞれ達成したいと思うことを1つ書いてもらい，最初の5分を使ってこれらを共有し，全員が共通の課題意識をもっていることを確認しましょう。

方略 6.
各人の役割とその責任について定期的に検討するミーティングの時間を確保する。

- **ひとりでできること**：新年度には，仕事上必要であると考えられる役割（教師，コンサルタント，保護者，ピアサポートの担当者，友人）をそれぞれ書き出してみましょう。また，それぞれの役割が担う責任についても明記しておきましょう。

- **なかま同士でできること**：同僚とチームを組んで仕事をする際には，成績の評価，保護者との連絡の取り合い，しつけ，他のスタッフとのコミュニケーションといったことに関する責任の達成状況を確認できるよう，定期的なチェックポイントを組み込んだ，年間計画を作りましょう。

- **みんなでできること**：年に4回程度，援助チーム内で会議に関連する各々のメンバーの役割について確認する機会を設けましょう。加えて，保護者との連絡調整や，スタッフの配置をより良くすること，専門用語を使わずに話すこと，生徒が援助チームの会議に参加できるような準備を整えることといった，チームの構成員が共通して果たさなければならない責任についても話し合いましょう。

方略 7.
　同僚が生徒，その保護者，そしてあなた自身に何を期待しているのかを聞く。

- **ひとりでできること**：同僚があなたに何を期待しているのかを尋ねる場合の，質問の仕方を考えてみましょう。例えば，「どのように学級経営をしているのかを教えてください」「保護者とはどういった形でコンタクトを取りたいと思いますか」というような質問をして同僚が必要としているものを探り当ててみましょう。

- **なかま同士でできること**：（他の教員が）以前に行った個別の援助活動について質問し，その答えを注意深く聞きましょう。あなたの同僚がさらに詳しい説明をしてくれるよう，「あなたの学級でもまだ上手くいっていないと思っていることは何ですか」といった質問もしてみましょう。

- **みんなでできること**：職員会議で，「私たちは生徒からどのように評価されたいか」話し合ってみましょう。そして職員がどのような行動をすれば，目標とする表現や認識を生徒にもってもらえるか，併せて話し合ってみましょう。

方略 8.
コミュニケーションの様子を日誌に記録し，それをパターンやテーマ別に分析する。

- **ひとりでできること**：1ヶ月間，毎日，日誌をつけ，あなたがやりとりをした同僚の名前を書きとめておきましょう。ほとんどコミュニケーションをしていない同僚はいませんか。

- **なかま同士でできること**：あなたがいつも一緒に計画を立てている人のことを考えてみてください。その人とのコミュニケーションは，立場は平等で双方向的ですか。どちらかが支配的で，一方的なやりとりになっていませんか。それに関して，何か変えたいと思いますか。

- **みんなでできること**：会議の間に，質問の数と比較して，意見がどのくらい述べられたかを数えてみましょう。

方略 9.

　次に対話する機会に，自分が積極的で，かつ生産的なコミュニケーションを行っている良いイメージを心の中に描き，さらにそれを図やイラストにして見えるようにしておく。

- **ひとりでできること**：タイマーを5分に設定します。そして，コミュニケーションがきちんととれる方法をできるだけたくさん書きだしてみましょう。綴りや，句読点，同じ内容を書いてしまうといったことは気にしなくて結構です。5分経ったら，そのリストを読み上げて，あなたがそれらのコミュニケーションのやり方を最もよく使うことが想定される場面を思い描いてみましょう。

- **なかま同士でできること**：想像してみてください。あなたは今，よく意見が対立する同僚と話をしているところです。次に，自分がその同僚の意見を十分に考慮しつつも，自分の考えがどの点で相手と違っているかをはっきりと主張できるような，よい聴き手である姿を思い描いてみてください。

- **みんなでできること**：あなたが自信をもって，わかりやすい授業を行っている姿を思い描きましょう。さらに，あなたの同僚たちもそこで参観していると想定し，それでもあなたの授業が依然としてわかりやすく，自信にあふれたものであるという状態を想像してみましょう。

方略10.
仕事上で起こる恐れのあるコミュニケーションの破綻を予測しておく。

- **ひとりでできること**：あなたをイライラさせたり，カッとさせたりするような同僚の言動について落ち着いて考えてみましょう。あなたがその言動に対して，ついとってしまう反応を分析してみましょう。そうすることで，次回は今までとは違った対応ができるかもしれません。

- **なかま同士でできること**：同僚にあなたがこれから保護者に送ろうとしている連絡帳を読んでもらいましょう。理解しやすいか，「使い勝手」がよいかを確認してもらいましょう。

- **みんなでできること**：最近，コミュニケーションが上手く取れないままに，何の発言もしなかった会議はありませんでしたか。もしその時に何か言えたとしたら，何を言いたかったでしょうか。次の機会にあなたがそれを言っている場面をイメージしてみましょう。

メモ用紙

　このページは，本書を読んだり，参考にしたりしている時に，ふっと浮かんだアイディアを書きとめるために使ってください。協働というものは，私たち一人ひとりが，お互いに身近な存在になることではじまるということを忘れてはいけません。

第2章
前もって準備しておく

　いつもと同じことをやっているだけでは，いつもと同じものしか手に入りません。
　あなたは，それに満足していますか。

作者不詳

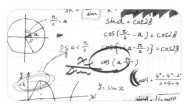

❀ 知っていること

　「前もって準備しておく」とは，これから行う授業，会議あるいはやりとりをより効果的にするため，どのような物的資源や資料，人材，教材などの資源が必要とされるか，前もって計画することです。

★ 前もって資料を用意しておくことで，ミーティングの最中に慌てて資料を取りに行くために席を外すといった無駄な時間を減らすことができる。

★ 部屋の中の物理的な配置を変えることで，違った視点が生まれやすくなる。ミーティングがはじまる前に机や椅子，パーティション等の配置にさまざまな変化を加えることで，ミーティングのタイプに応じた配慮がなされているということが参加者に伝わる。

★ 前もって自分の主張だけでなく，質問を考えておけば，同僚と意味のある対話をするという点で，同僚だけでなく自分自身を助けることにもつながる。

★ 前もって準備をしておくことで，次回のミーティングの効果や良い変化が起きる可能性が，直近のミーティングよりも高くなる。

★ 前もって計画を立てることで，個々人の間で，ものごとに対して準備する姿勢が形成される。

🌸 やっていること

	子どもに対してこの領域でよくやっていること	大人に対してこの領域で時々やっていること
1	子どもに対して、何を言うかあらかじめ決めている／事前にリハーサルする。	同僚に対して、最初に頭に浮かんだことを口に出して言う。
2	自分の考えをどのようにして子どもに伝えるか考える。	同僚に対しては、いつもやっている通りのやり方でものごとを始める。
3	子どもに対して、望む学習成果があげられるように準備をする。	同僚に対して、期待されている成果に注意を払わない（成果は結果次第）。
4	子どもに対してする質問を準備する。	同僚に対して、質問ではなく、自分が何を主張するかの準備をする。
5	子どもにはどのような教材が適しているかを考え、選択する。	会議の進行は、従来からのやり方を当たり前のように踏襲する。
6	授業に応じて教室内の配置を変えるなど、可能な措置を検討する。	同僚とは、何度も何度も同様の配置の中で会合をする。
7	子どものために、授業をより良くするような人材や教材を探す。	会議に参加するいつものメンバーだけが必要な人材であると決め込んでいる。
8	子どもが新しく習得したスキルをしっかり定着させるための練習を計画している。	私たち大人は、必要とされるスキルをすでに有しており、練習する必要はないと思っている。
9	学習過程をどのように評価するかをあらかじめ決めている。	大人である同僚の学習過程については考えようとしていない。
10	生徒から返ってくる反応を意識し、それに対応しようと考えている。そうすることでより良い授業が行えるのだと思っている。	相手の反応に関係なく、習慣化したやり方で仕事をやり続ける。

❁ できること：
前もって準備しておくための 10 の方略

1. ミーティングに最適な場所と座席配置について検討し，少しでも効果的な設定にしていくプロセスを確立する。
2. 参加者の質問や懸案事項をもとに，ミーティングの議題や流れを決める。
3. チームメンバーが「もっている情報」や，「さまざまな経験から得た知識」を定期的に検討する。
4. ミーティングにおけるチームメンバーの行動を観察し，それを評価する方法を決める。
5. さまざまなタイプのミーティングの目的や意図を検討する。
6. コミュニケーションを改善するために，年間の目標を設定する。
7. コミュニケーションに関する年間目標にむけての進捗状況をチェックする。
8. あなたが関わっている相手からフィードバックをもらえるようにする。
9. 普段の仕事について，いつもとは違う新しい方法で取り組んでみる。
10. 長期休業中の時間を使って，今後生じる可能性があるコミュニケーションの問題を予測する。

★前もって準備しておくための方略と実践
──ひとりで・なかま同士で・みんなでできること！

方略1.
ミーティングに最適な場所と座席配置について検討し，少しでも効果的な設定にしていくプロセスを確立する。

- **ひとりでできること**：あなたが最近参加したミーティングを思い出してください。その際，部屋の配置はどうなっていましたか。お互いに参加者の顔は見えていましたか。コミュニケーションをとるのに支障をきたすような物理的な障壁はありませんでしたか。配置を改善するために，何かできることはありませんか。

- **なかま同士でできること**：同僚と次のミーティングを行う前に，普段とは異なる場所を選んでみましょう。注意を散漫にするものを減らす方法を考えてみましょう。

- **みんなでできること**：通常のミーティング（例：援助チーム会議）の後で，場所や部屋の座席配置がコミュニケーションのとりやすさにつながっていたかどうか，参加した人に聞いてみましょう。そして，改善する方法も提案してもらいましょう。

方略 2.
参加者の質問や懸案事項をもとに，ミーティングの議題や流れを決める。

- **ひとりでできること**：あなたは，生徒の保護者からどのような情報を得たいと思いますか。その情報をうまく引き出せるように，どのような質問することができますか。

- **なかま同士でできること**：同僚に学級経営のやり方について質問する方法を3つ考え，紙に書いてみましょう。次に会った際，少なくともそのうちの1つを試しに聞いてみましょう。

- **みんなでできること**：教職員に対し，全体で話し合いたいと思うことを書いてもらいましょう。それらの質問は会議をする部屋の中心の見やすいところに掲示しておきましょう。また，毎週の職員会議でそのうちの2つか3つずつ議論していきましょう。

方略 3.
チームメンバーが「もっている情報」や,「さまざまな経験から得た知識」を定期的に検討する。

- **ひとりでできること**:子どものための創造的なプログラムを開発する際,力になってくれるような地域の人材の名簿を作成しておきましょう。

- **なかま同士でできること**:ワークショップや会議に参加した後,同僚と情報を共有し,セッションの大事な部分を示しましょう。得られた情報をコピーし配布することを申し出るなどして,教職員全体で内容を共有できるようにしましょう。

- **みんなでできること**:あなたが定期的に参加するチームのミーティングのどこかの回で,チームがもつ能力の領域(例:行動マネジメント,協働学習)についてブレインストーミングをしてみましょう。その内容をリスト化したものを,みんなにとって見やすい場所に掲げ,少なくとも1年に2回は内容を更新しましょう。

方略 4.
ミーティングにおけるチームメンバーの行動を観察し，それを評価する方法を決める。

- **ひとりでできること**：職員会議で，「WISC*（ウイスク）」や「SC**（エスシー）」といった略語が飛び出したら，その都度書きとめてみましょう。そのミーティングで，それらの略語が何を意味するかわからない人はいなかったでしょうか。

- **なかま同士でできること**：職員会議に定期的に参加するわけではない人（通常学級の教員や保護者）に，ミーティングにおいて，どうすればコミュニケーションをより円滑にし，彼らの理解もより良くできるかを尋ねてみましょう。そして，出してもらったアイディアは，他のチームメンバーとも共有しましょう。

- **みんなでできること**：職員会議の3回に1回の程度で，チームメンバーの1人に「コミュニケーション・プロセス・オブザーバー」の役割を担ってもらいましょう。オブザーバーが観察し，記録に取るべきコミュニケーション態度（話を遮る言動，略語，専門用語の使用，メンバーの話す長さと頻度）については，グループ全体であらかじめ決めておきましょう。そして，その結果に基づいてグループで話し合ってみましょう。

---

*　5才から16才までの子どもの知的発達の程度や特徴を測る個別式の心理検査。現在は「WISC-IV」。ミーティングでは「子どもの知能を測る心理検査」という表現が適切。
**　「スクールカウンセラー」という表現が適切。

方略 5.
さまざまなタイプのミーティングの目的や意図を検討する。

- **ひとりでできること**：保護者との面談の後で，あなたはその保護者からあなた自身をどう表現して欲しいか考えてみましょう。保護者にそのように表現してもらうために，あなたはどのようにすればよいと思いますか。

- **なかま同士でできること**：同僚と共に，計画を立てる会議の前に，その会議で達成したいことを個々に書き出してみましょう。そして，お互いにそのリストを読み合い，一緒に優先順位をつけてみましょう。

- **みんなでできること**：委員会あるいは対策会議の準備をする時に，委員会のメンバーのみんなに，すぐに取りかかれる課題は何だと思っているのかについて，計画的に聞いていくようにしましょう。メンバーのいろいろな回答について，それらの類似点と相違点について話し合ってみましょう。

方略 6.
コミュニケーションを改善するために，年間の目標を設定する。

- **ひとりでできること**：今，あなたのコミュニケーションをいちじるしく改善するためにできることを1つだけあげるとすれば，それは何でしょうか。まず，自分ひとりで考えてみましょう。その行動について目標を定めましょう。

- **なかま同士でできること**：同僚と2人で担当している事務仕事について話し合ってみましょう。効率と効果を狙って，やらなくてよいもの，修正するもの，あるいはまとめられるものはありますか。もしあるなら，実際に変えてみたり，担当の職員に変更を提案するための計画を作ったりしてみましょう。

- **みんなでできること**：さまざまな専門家がいるチームで，メンバーに対し，打ち合わせ時のコミュニケーション・スキルについてのチェックリスト（例えば，ミーティングの目的を述べて始まる，論点を要約する，理解度を確認するといった内容）に答えてもらいましょう。メンバーが最も評価の低い順位をつけた領域で目標を立てましょう。

方略 7.
コミュニケーションに関する年間目標にむけての進捗状況をチェックする。

（※注：以下の実践は方略 6. に直接関連しています）

- **ひとりでできること**：コミュニケーションの目標を設定したら，それを書きとめましょう。それを実践する機会をもった回数や，新しいコミュニケーション行動を実際に実践した回数を，毎日追跡する方法を考案してみましょう。

- **なかま同士でできること**：事務の仕事で新しい書式の書類が導入された時は，キーパーソンとなる人たち（その書式を使うことになる人たち）にその読みやすさや明瞭さ，使用感について感想を聞かせてもらいましょう。

- **みんなでできること**：方略 6. の「みんなでできること」での目標をみなさんが色々な専門家が入っているチーム会議をいつもやっている部屋の目立つ場所に貼りましょう。そして少なくとも年に 3 回は進捗状況を検討しましょう。

方略 8.
あなたが関わっている相手からフィードバックをもらえるようにする。

- **ひとりでできること**：生徒が，あなたを話の聞き役としてどう思っているか，生徒と話し合ってみましょう。生徒は，どうすればあなたがより良い聞き役になれると考えているでしょうか。

- **なかま同士でできること**：同僚と職員会議で発表をする時に，どのようなフィードバックをもらいたいか，そして，その情報をどのように手に入れるかについて，あらかじめ一緒に決めておきましょう。

- **みんなでできること**：保護者や通常学級の教員に，彼らの視点から見て，各専門分野合同のチームの進め方について評価してもらいましょう。コミュニケーションを改善したり，その進め方を参加者にとってより参加しやすい形にしたりしていくために，どういったことが提案できるでしょうか。

方略 9.
普段の仕事について，いつもとは違う新しい方法で取り組んでみる。

- **ひとりでできること**：あなたが予期していなかった「自由」時間（約束がキャンセルされたり，ミーティングが延期されたりして生まれた時間）ができたら，その時間を利用して，あなたが心からやりたいと思っていることをやってみましょう。

- **なかま同士でできること**：普段一緒に働いている 5 人の同僚を思い浮かべましょう。月曜日にはそのうち 1 人，火曜日には次の 1 人，という具合に割り振り，次の週にはそれぞれの曜日ごとに割りふった人と何らかの意図をもった方法で関わりましょう。

- **みんなでできること**：次の委員会，企画会，職員会議，学年会を学校という職場から離れた設定でやってみましょう。

方略10.
長期休業中の時間を使って,今後生じる可能性があるコミュニケーションの問題を予測する。

- **ひとりでできること**：1学期の終わりに,保護者会に向けて椅子や机の配置を普段と変えられるか試してみましょう。その際,効果的なコミュニケーションを促進するような配置を考えてみましょう。

- **なかま同士でできること**：学期間の休暇日のどこかで,同僚と朝食や昼食を共にして話す機会をもちましょう。次の学期に起こりうる,さらに良好で明瞭なコミュニケーションを必要とされる事態について話し合いましょう。

- **みんなでできること**：各専門分野合同のチームで,今後予定されている,厄介なことになりそうな会議について話し合いましょう。ブレインストーミングをして,できるだけ協働的な雰囲気を作り出すためのアイディアを出し合いましょう。

メモ用紙

　このページは，本書を読んだり，参考にしたりしている時に，ふっと浮かんだアイディアを書きとめるために使ってください。協働というものは，私たち一人ひとりが，お互いに身近な存在になることではじまるということを忘れてはいけません。

第3章 さまざまなものの見方を理解する

同じでないものを同じように扱うことほど不公平なことはない。

作者不詳

❀ 知っていること

　「さまざまなものの見方を理解する」ことは，誰もが世界をそれぞれ異なる視点から見ているということを受け入れることです。また，さまざまな見方を理解することで，コミュニケーションをより積極的で生産的にすることができます。

★ さまざまなものの見方を理解することは，相手に敬意を表し，対話のきっかけを作ることにつながる。

★ 問題解決のプロセスにおいて，さまざまな意見を考慮に入れることで，互いに満足できる成果を生み出す可能性を高めることができる。

★ さまざまな視点からの意見を活用することで，1つの意見からは決して思い浮かぶことのない，新しい対応や代案の数々を生み出すことができる。

★ 他の人の意見を考慮し，適切に対応することは，簡単に言うと「自分たちがして欲しいと思うように他の人にも対応する」ということである。

❀ やっていること

	子どもに対してこの領域でよくやっていること	大人に対してこの領域で時々やっていること
1	子どもには，時には調子の悪い日があることを認識している。	同僚の調子は毎日ほぼ同じであるかのように考えて対応する。
2	子どもの心の状態が活動の生産性に影響を与えうることを理解し，受け入れている。	同僚は常に同じ程度の生産性を保って活動ができるものだと思い込む。
3	子どもが困っていることに気づいたら，どうしたのか聞いてあげる。	同僚が悩んでいるように見えても，そのことを特に話題にしない傾向がある。
4	子どもが生活の中で困っている場面に直面していることがわかると支援する。	同僚に対して，個人的な困難を職場にもち込まないことを期待する。
5	子どもが陥っている困難な状況について共感をもって対応する。	同僚のことは気にかけず，自分のことしか眼中にない。
6	子どもによって獲得しているスキルの段階は異なり，ある子どもにとって大変なことが，他の子どもにとってはたやすい場合もあるということを理解し，受け入れている。	大人である同僚は，皆同じように有能で，自信があり，生産的であるべきだと考えている。
7	子どもが何か新しいことに試みている時には，忍耐強い態度を示す。	同僚がひょっとすると何か新しいことを試みているかもしれないとは考えられない。
8	いろいろと質問をしてから，「この子はどういった子なのか」を判断する。	同僚について「この人はこういう人だ」と簡単に決めてかかる。
9	子どもが自分に賛成しない時には，それを積極的なチャレンジと見なす。	同僚が自分に賛成してくれない場合，個人攻撃を受けたと感じる。

❀ できること：さまざまなものの見方を理解するための 10 の方略

1. 他の人が意見を述べるのを促す方法を開発する。
2. あなたとは異なるものの見方をもつ人々の言うことに注意深く耳を傾ける。
3. 大人の学習スタイルにもそれぞれ違いがあることを学ぶ。
4. ものごとへの理解を深め，決めつけることを減らすような習慣を身につける。
5. 排除的にならず，誰でも受け入れるような考え方や話し方を身につける。
6. 人々の良き観察者となるよう努める。
7. 無意識に行っている内話（自分の見方）に対する意識を高める。
8. 対立する複数の意見が載っている文章を読み，それぞれの意見を理解する練習をする。
9. 人を理解するのに役立つ，新たな方法を考え出す。
10. 沈黙の重要さを知る。

★さまざまなものの考え方を理解するための方略と実践
——ひとりで・なかま同士で・みんなでできること!

方略 1.
他の人が意見を述べるのを促す方法を開発する。

- **ひとりでできること**:周りの人が実際に行動したり話したりする中で,あなたが意見を述べるのを後押ししてくれるようなことについてふりかえってみて,書きとめてみましょう。また,他に良い例を聞いたらそのリストに加えましょう。

- **なかま同士でできること**:今後,誰かがあなたとは異なるものの見方を示すことがあった際には,その人にさらに詳しく話してもらうようにしましょう。

- **みんなでできること**:チームでミーティングを行う時に,普段はそのチームに加わっていない人(例えば,保護者)に参加してもらい,あなたたちがこれまで扱ってきた問題(例:生徒のポートフォリオ)について,彼ら自身の視点から意見を述べてくれるよう頼んでみましょう。

方略 2.
あなたとは異なるものの見方をもつ人々の言うことに注意深く耳を傾ける。

- **ひとりでできること**：あなたとは意見が一致しないことが多いトーク番組の司会者の発言に耳を傾けてみましょう。あなたがその人との論争することになったら，どう発言するかを予想して書いてみましょう。

- **なかま同士でできること**：意見が異なることが多い同僚と会話をする時には，相手が直前に発言した内容に直接結びつくような質問をしましょう。

- **みんなでできること**：グループ内のそれぞれの人に，次の文章の空欄に当てはまるような言葉を考えてもらいましょう。「もし，（　）すれば，私たちのグループはもっと上手く行くようになるだろう」。グループの中で回答を共有し，お互いの意見の似通った点と異なる点を検討してみましょう。

方略 3.
大人の学習スタイルにもそれぞれ違いがあることを学ぶ。

- **ひとりでできること**：あなたが大人の学習スタイル（例えば，感覚型，直感型，思考型，感情型など）のどのタイプに属するのか，書店や図書館で本を探して調べてみてください。それらの本についている質問紙に記入し，あなたの学習スタイルに関する解釈を読んでみましょう（代表的な著者としてグレゴルク，ケルシー，コルブ，マイヤーズがあげられます*）。そして，あなたが他の人にどのような印象を与えているのかも併せて考えてみましょう。

- **なかま同士でできること**：あなたとは異なる学習スタイルをもつ同僚を思い浮かべ，その人の学習スタイルに関する価値観，好み，行動について読み取りましょう。同僚の毎日の行動の中で，それらの特徴をどう見ていますか。

- **みんなでできること**：あなたの所属する教職員チームのメンバーが，互いの学習スタイルを一緒に評価することに興味をもったとしましょう。メンバーの全員がチェック表をもって，グループのもつ強さと弱さを評価する機会を設け，その結果が毎日のコミュニケーションにおいてどのような意味をもっているかについて協議しましょう。

---

* 日本では，「大人の学習スタイル」について定番の著者はいないが，「子どもの学習スタイル」は大人にもあてはまる。例えば，「視覚-聴覚」「言語-非言語」など情報の入力-出力に関して，また「継次-同時」という情報の処理に関して，自分や同僚がよく使うスタイルを知っておくとコミュニケーションの促進に役立つ。

方略 4.
ものごとへの理解を深め，決めつけることを減らすような習慣を身につける。

- **ひとりでできること**：ラジオやテレビの内容が気に入らず，チャンネルを変えたくなった時，もう1分間だけそれを聞き続けてみましょう。できるだけ中立的な観点から，どのような人がこの内容を好むのか，また，それはなぜか考えましょう。

- **なかま同士でできること**：今度，同僚が，あなたとしては上手くいかないだろうと思うアイディアを提案することがあったら，そのアイディアについてもっと話してもらいましょう。同僚が詳しく述べてくれる時には，そのアイディアを十分に理解しようという意図をもって話を聞きましょう。

- **みんなでできること**：グループのメンバーに子ども時代の写真をもってきてもらい，その頃の「ストーリー」を他のメンバーと共有してもらいましょう。

方略 5.
排除的にならず，誰でも受け入れるような考え方や話し方を身につける。

- **ひとりでできること**：一緒に担当している生徒のことでチームのメンバーと相談する前に，恐らく2人とも生徒に対して望んでいると思われることをすべて書き出しましょう。

- **なかま同士でできること**：同僚と意見をやりとりする時，「しかし」という言葉を「そして」に置き換えてみましょう。例えば，「それはよい考えですね，しかし……」という代わりに，「それはよい考えですね。そして，私が少し心配しているのはですね……」と置き換えて言ってみましょう。

- **みんなでできること**：援助チーム会議を企画する時に，いつも参加するメンバー一人ひとりに，「メンバー以外で，参加してもらうことで問題解決の手助けになるような人」について考えてもらいましょう。

方略 6.
人々の良き観察者となるよう努める。

- **ひとりでできること**：仕事上のやりとりでストレスを感じたら，その中であなたが感じたことのすべてを書き出しましょう。そしてあなたの行動についてふりかえりましょう。あなたは何をしたのか。あなたは何を言ったのか。——あなたがあなた自身を評価するのではなく，ただ観察しましょう。

- **なかま同士でできること**：あなたが仕事でいつも一緒に働いている人のことを思い浮かべてください。次にやりとりをする時には，その人がどのようにコミュニケーションを行うか考えてみましょう。例えば，その人の話すスピードはどうか，あなたの意見を聞いている（または聞いていない）ことを，どのような態度で示すか，また，どのような質問をして，どのような主張をするのかといったことです。

- **みんなでできること**：あなたが参加するチームのふだんのミーティングのどこかの回で，積極的に参加する代わりに，グループでのやりとりに注意を払ってみましょう（発言するより，話をよく聞いてみたい話題であるとでも言えば大丈夫です）。誰が最もよく発言し，誰の発言が最も少ないか，誰が影響力がありそうで，誰がそうではないのか。誰が人の話を聞いていて，誰が人の話を遮っているか，といったことに着目してミーティングを観察してみましょう。

方略 7.
　無意識に行っている内話（自分の見方）に対する意識を高める。

- **ひとりでできること**：ある1日を使って，自分自身に言った内容を書き出してみましょう。例えば，「忘れないように～しなければ」「～する必要がある」「～なんて言わなきゃよかった」といったことです。リストアップしたものから，何か共通するテーマが浮かび上がってくるか見てみましょう（例えば「やらなければならいこと」であったり，自分を否定することであったり）。それらは過去志向，現在志向，未来志向のどれでしょうか。

- **なかま同士でできること**：仕事で誰かと話す時，どのような自分の内面のメッセージに気を払っていますか。目の前の人の話よりも，自分自身の内面の「独り言」を聞いていることはないですか。

- **みんなでできること**：職員会議で，声に出してはいないものの，心の中で発言したり，質問したりしていることはなんでしょうか。もし口に出していたら，コミュニケーションの改善につながっただろうと思われることは何かありましたか。

方略 8.
対立する複数の意見が載っている文章を読み，それぞれの意見を理解する練習をする。

- **ひとりでできること**：新聞や雑誌の編集者に対して送られた，2通の対立する意見の書かれた手紙を読みましょう。そしてどのようにしてそれぞれの人がこのような考え方をもつに至ったかを想像してみましょう。

- **なかま同士でできること**：議論の的となっているトピック（例えば，性教育，インクルーシブ教育）に関して，対立する見解を述べたものを同僚と読む機会を設け，その意見に対して考えたことや感じたことを話し合いましょう。

- **みんなでできること**：チームのメンバー各々に，あるテーマ（スタンダード教育＊，インクルーシブ教育，アセスメント）に関して異なる視点を表明している論文を読んでもらいましょう。そして，さまざまな考えや意見に関してチームで議論しましょう。

＊　子どもや学校の問題を解決するための判断を行うために，子どもや学校に関する情報を収集し，分析し，統合するプロセスのこと。

方略 9.
人を理解するのに役立つ，新たな方法を考え出す。

- **ひとりでできること**：あなたが仕事の外で好きでやっていて，かつあなたの同僚のほとんどがそれを知らない活動について考えてみてください。今度，普段の何気ない会話の中で，それについて誰かに話してみましょう。

- **なかま同士でできること**：いつも学校で会う同僚を家に招いたり，いろいろな場所で会う機会をもって，いつもとは違うような理解ができるようにしてみましょう。

- **みんなでできること**：チームのメンバーにそれぞれ「この夏に初めてやったこと」について話してもらいましょう。

方略10.
沈黙の重要さを知る。

- **ひとりでできること**：通勤の間，もし，いつもラジオを聴いているのなら，スイッチを切ってみましょう。このように音を抑えられる静かな他の場所がありますか。

- **なかま同士でできること**：同僚との会話の中で，沈黙する時間があるか観察してみましょう。同僚に質問した際，確実に相手がすっかり答え終わるまで，黙っていましょう。

- **みんなでできること**：ブレインストーミングを行う時，一度それを止めて，5分間自分の考えを手元の紙に書く時間を設けましょう。5分後，再開しましょう。

メモ用紙

　このページは，本書を読んだり，参考にしたりしている時に，ふっと浮かんだアイディアを書きとめるために使ってください。協働というものは，私たち一人ひとりが，お互いに身近な存在になることではじまるということを忘れてはいけません。

第4章 質問する

あらゆる答えを知っているより，いくつかの質問を知っているほうがよい。

James Thurber

❀ 知っていること

「質問する」とは，調べること，さらに情報を得ようとすること，そして知識を求めることです。

★ 質問することは，学ぶことに関して興味をもっていることを示す。

★ 他の人に質問を投げかけることで，私たちは心の開かれた人間であることを示す。

★ 質問することは，現状を越えて先へ進みたいという熱意の表明である。

★ 質問に対する答えを求めることは，創造性を養うのに役立つ。

★ 人は，他者が自分の話に興味をもってくれて質問してくれると，勇気づけられる。

❀ やっていること

	子どもに対してこの領域でよくやっていること	大人に対してこの領域で時々やっていること
1	子どもがこちらに注意を向けるまで質問するのを待つ。	<u>自分</u>の準備が整ったら質問する。
2	子どもに対しては，いろいろな答が可能な「開かれた質問」をする。	同僚に対しては，「はい」「いいえ」でしか答えられない「閉じた質問」をする。
3	子どもから新しい情報を得ようとして質問する。	同僚には「礼儀を保つ」ために質問する。
4	子どもに対しては，同じ内容の質問でも，いくつか違った聞き方をすることができる。	同僚に対しては同じような形でしか質問しない。
5	子どもに対しては，たくさんの質問をする。	同僚に対しては，何かを聞くというより，自分の考えていることを語りがちである。
6	子どもから出てくる質問のほとんどを喜んで受け入れる。	同僚のする質問によっては，防衛的な対応をしてしまうことがある。
7	子どもにはさまざまなレベルの（例えば，知識，理解，分析，統合，評価，意見を問う）質問をしている。	同僚にする質問の多くは，知識を問うレベルの質問で占められている。
8	質問する時には，子どもたちと一緒に答を考える。	その同僚の答えのみを求めて質問をし，回答を求める。
9	子どもに，ふりかえってみて考えさせるように質問する。	同僚にはほとんど考える必要がないようなことを質問する。

❁ できること：質問するための 10 の方略

1. 自分の質問の仕方について意識を高める。
2. 会話や討論において「質問すること」と「何かを述べること」をバランスよく行う。
3. 「開かれた質問」の仕方を学ぶ。
4. 話し手が述べていることに関して質問する力を伸ばす。
5. 相手に脅威を与えない質問の仕方を見つける。
6. 質問することで，相手のメッセージの意味するところを理解する機会を活かす。
7. 質問の意図を意識する。
8. 質問することの価値を認識する。
9. 質問することを，あなたの同僚からサポートを得る手段として活用する。
10. 哲学的な問い（キャリアや人生に関する問い）を同僚にしてみる。

★質問するための方略と実践
——ひとりで・なかま同士で・みんなでできること！

方略 1.
自分の質問の仕方について意識を高める。

- **ひとりでできること**：勤務日の1日を選んで，一緒に働く大人の質問に耳を傾けてみてください。職員室で，廊下で，教室で，どのような質問がなされているでしょうか。

- **なかま同士でできること**：会議に参加している時に，質問はしていますか。それは，どのような質問ですか。質問に対して答えが戻ってきた場合，それをその言葉通りにうけとっていますか。それとも，さらに続けて質問していますか。

- **みんなでできること**：新しい規則や方針が協議されている職員会議，あるいはチームの会議の場で，参加者一人ひとりにその方針に関する質問を書いてもらいます。それぞれをグループ全員に聞こえるように読み上げます。そして答えられる質問について話し合ってみましょう。

方略 2.
会話や討論において「質問すること」と「何かを述べること」をバランスよく行う。

- **ひとりでできること**：同僚とのミーティングの後で，自分がいくつ質問をして，いくつ説明や意見を述べたか，それぞれの数を書きとめておきましょう。質問と意見の数はどうでしたか。

- **なかま同士でできること**：同僚とのミーティングの前に，彼らが言っていることや考えていることについて理解を深めるために，2つ質問することを決心しておきましょう。

- **みんなでできること**：援助チーム会議の前に，チームのメンバー一人ひとりにその児童，生徒について質問したいことを1つ書いてもらいましょう。そしてみんなが会議中に見てわかるように，出された質問を書いて貼り出しておきましょう。

方略 3.
「開かれた質問」の仕方を学ぶ。

- **ひとりでできること**：他の人に対して自分がどのような質問をしているかに注意を払いましょう。ほとんどの質問が，一言か，「はい」「いいえ」で答えられるものになっていませんか。回答からより多くの情報を引き出すには，あなたの質問の仕方をどのように変えれば良いでしょうか。

- **なかま同士でできること**：同僚と保護者懇談会の準備をする際，生徒が学校をどう思っているかについての質問をすべて書き出してみましょう。出来上がったリストをチェックして，「はい」「いいえ」で答えられる質問はすべて線を引いて消します。懇談会では，残った質問のうちの1つか2つを聞いてみましょう。

- **みんなでできること**：ケース会議では，保護者に「あなたの娘さんについてお話をしてくださいませんか。何が好きで，何が嫌いですか。学校をどのように思っていますか」と聞くことからはじめましょう。

方略 4.
話し手が述べていることに関して質問する力を伸ばす。

- **ひとりでできること**：職員会議で例えば，校長の話を聞くことがあったら，話されている話題に関連する質問を書いてみましょう。そして，それらの答が話の中で述べられているかどうか，チェックしてみましょう。

- **なかま同士でできること**：同僚との企画会議の後，会議中にしていれば，同僚の考えや示唆をよりよく理解できただろうと思われる質問を考えましょう。そして，次の機会にそのような質問をしてみましょう。

- **みんなでできること**：委員会あるいはプロジェクト会議において，話されていることに関してあなたが感じていることを述べたいという衝動に駆られた時，そうする代わりに話されていることに関して質問しましょう。

方略 5.
相手に脅威を与えない質問の仕方を見つける。

- **ひとりでできること**：あなたのアイディアに関して，他の人がどのように感じるかについて質問する方法をすべて書き出してみましょう。最も脅威的でないように感じられるのはどれですか。

- **なかま同士でできること**：何かをしていることの理由を聞くよりむしろ，どのようにやっているのか，何がきっかけでそのような実践を始めることになったのかを聞いてみましょう。

- **みんなでできること**：チームや委員会のメンバーで，保護者から脅迫的だと受け取られかねない質問の仕方をしていないかどうかについて協議しましょう。

方略 6.
質問することで，相手のメッセージの意味するところを理解する機会を活かす。

- **ひとりでできること**：トーク番組の司会者の話に 15 分間耳を傾けましょう。そして，話された内容をさらに明らかにできる質問を考えてみましょう。

- **なかま同士でできること**：同僚がその人の担当する生徒に行っていることについてあなたに話す時，教え始めた頃にやっていたことと今やっていることは違いがあるのか，または，どのように違っているかについて聞いてみましょう。

- **みんなでできること**：授業にゲストスピーカーを招いた際，生徒が理解できないかもしれない部分がないかどうか，注意を払って聞きましょう。そして，手をあげて話し手にもっと十分な説明を促すような質問を投げかけてみましょう。

方略 7.
　　質問の意図を意識する。

- **ひとりでできること**：自分が他の人に質問するのを聞きながら，質問の目的や意図が何かを判断しましょう。それらの質問は情報を得るためのものですか，許可を得るためですか，批判するためですか，それとも依頼するためですか。

- **なかま同士でできること**：他の人のあなたへの質問を書きとめましょう。そして質問者があなたの回答から何を得たかったのかを考えましょう。それは明確化して欲しかったのか，検証したかったのか，説明して欲しかったのか，あるいは何か情報が必要だったのでしょうか。

- **みんなでできること**：チームのメンバーは保護者に「何か質問はありませんか」とよく尋ねますが，この質問の意図は一体何なのでしょう？　よく考えてみましょう。

方略 8.
質問することの価値を認識する。

- **ひとりでできること**：1ヶ月に1度は，あなたがもつ専門職としてのあなた自身に質問されたことをすべて書き出しましょう。それらを記録として書きとめ，時折それを見返しましょう。

- **なかま同士でできること**：同僚にもし「自分の学校を創ることができるとしたら，それはどのような学校ですか」と尋ねてみましょう。

- **みんなでできること**：職員会議あるいはケース会議の終わりに，参加者それぞれに，その生徒についてまだ質問したいことを話してもらいましょう。しかし，この問いには答えないようにしてください。

方略 9.
質問することを，あなたの同僚からサポートを得る手段として活用する。

- **ひとりでできること**：あなたが生徒に試してみたいと思う，何か新しいことを考えてみましょう。同僚にそのアイディアを聴いてもらい，生徒がどのように反応するかについて，後でフィードバックしてもらえるように頼んでみましょう。

- **なかま同士でできること**：同僚との授業の企画会議の後で，同じ学年に属する教師の2人ぐらいに，あなたの授業の質を高めるのに役に立つ人的資源あるいは物的資源を知っているかどうかを質問してみましょう。

- **みんなでできること**：手続きの変更があった時，学年会の際に，次のような質問に答えてもらいましょう。「どうすればこのことを保護者に正確に伝えることができるでしょうか」

方略10.
哲学的な問い（キャリアや人生に関する問い）を同僚にしてみる。

- **ひとりでできること**：「なぜ，この職業につくことを選んだのか」について自問してみましょう。それから「なぜこの職業を続けていることを選んでいるのか」についても自問してみましょう。

- **なかま同士でできること**：同僚に「あなたにとってこの仕事の一番のやりがいは何ですか」そして「何が一番難しいですか」と質問してみましょう。聞き終わったら，それについてあなたの考えを同僚に伝えましょう。

- **みんなでできること**：例えば，生徒の自己評価に関する論文の読み合わせをしましょう。そしてその論文について議論しましょう。参加者が「自己評価」についてそれぞれどのように考えているかを意見に反映させながら，その論文に関する協議をしてみましょう。

メモ用紙

　このページは，本書を読んだり，参考にしたりしている時に，ふっと浮かんだアイディアを書きとめるために使ってください。協働というものは，私たち一人ひとりが，お互いに身近な存在になることではじまるということを忘れてはいけません。

第5章
人の話を聞く

自然は人間に1つの舌と2つの耳を与えた。
話すことの2倍も聞くことができるように。

エピクテス

🌸 知っていること

　「人の話を聞く」とは，話されている内容をきちんと聞くことに意識的に努めることです。

★ 上手に積極的に人の話を聞く時に，コミュニケーションはより効率的で，効果的なものとなる。

★ 人の話を聞くと，さまざまな意見への理解が深まる。

★ 私たちが優秀な聞き手である時，私たちがいるだけで，話し手である相手はより受け入れられていると感じる。

★ 聞き上手になればなるほど，他者との意味ある関わりをもつ機会が増していく。

★ 人の話を聞くことは学習に欠かせない。人の話を聞かなければ，私たちは学ぶことができない。

❀ やっていること

	子どもに対してこの領域でよくやっていること	大人に対してこの領域で時々やっていること
1	（腰を落とすなどして）子どもと目線が合うようにする。	同僚に対しては，会話を始めた時のままの姿勢を保ち，目線など相手に合わせることはない。
2	子どもとは適切なアイ・コンタクトをとる。	相手を見ながら，同時に何か他のものも見ようとする。
3	子どもが言ったことに関連した問いかけをするために，相手に十分な注意を払う。	相手の言葉に注意を払うのは，もっぱら自分の次の主張をするためである。
4	子どもが話すのに必要な時間を確保する。	同僚の話すペースを自分の都合に合わせるよう求める。
5	子どものメッセージの向こうにある気持ち（感情）に耳を傾ける。	メッセージを額面通りに受け取る。
6	子どもが話しながら示す非言語的なサインを注意して見る。	同僚の非言語的なサインにはあまり注意を向けない。
7	子どもに対しては十分な注意を向ける。	同僚に集中するのではなく，一度に沢山のことに注意を向けている。
8	子どもの理解，成長，変化を示すメッセージあるいはサインを把握しようとする。	同僚のメッセージは，変化のない，そのままのものだと思っている。

❀ できること： 人の話を聞くための 10 の方略

1. 話すのに用いるのと同じ分だけのエネルギーを，聞くことにも費やすようにする。
2. 聞く態度を定期的にチェックする習慣をつける。
3. あなたが周囲の人に聞き手になって欲しい時，それをきちんと知らせる。
4. 聞く時間を意識的に日課に組み込む。
5. 聞くことやそれが生み出す効果を観察できるようになる。
6. 聞くことをえり好みしているという自覚を高める。
7. 効果的に聞くことを妨げているものの正体を明らかにする。
8. 効果的に聞くことを妨げる障壁を意識的に取り除く。
9. 非言語的なメッセージに注意を払えるようになる。
10. メッセージの意図や目的を聞き取る。

★人の話を聞くための方略と実践
──ひとりで・なかま同士で・みんなでできること！

方略 1.
　話すのに用いるのと同じ分だけのエネルギーを，聞くことにも費やすようにする。

- **ひとりでできること**：あなたが人の話を聞くより，自分の話をする傾向があるのはどのような状況でしょうか。その状況で，あなたが人の話を聞く割合を増やすための目標を定めましょう。

- **なかま同士でできること**：同僚と話す時に，話された内容をより深く理解するための質問ができるくらいに，相手の話をきちんと聞く努力をしましょう。

- **みんなでできること**：職員会議において，述べられた意見と比較して，出された質問をよく聞くようにして，その数も含めて記録に取りましょう。

方略 2.
聞く態度を定期的にチェックする習慣をつける。

- **ひとりでできること**：夕方，家に帰ったら毎日 30 分ずつ，あなたが最後に聞いたことをチェックし，書きとめてみましょう。あなたは，自分自身の心の内の言葉と外からのメッセージのどちらをより聞いているでしょうか。

- **なかま同士でできること**：同僚と話す中で，どのタイミングで相手からのメッセージに聞く耳をもたなくなるのか書きとめましょう。何がそうさせるのでしょうか。

- **みんなでできること**：職員会議で時計を 10 分ごとに確認しながら，直前に話されていた内容と，その発言者をメモなしで言えるかどうか記録しましょう。

方略 3.
あなたが周囲の人に聞き手になって欲しい時，それをきちんと知らせる。

- **ひとりでできること**：あなたはただ誰かに話を聞いてもらいたかっただけなのに，アドバイスをされてしまった時のことを思い出してみましょう。次に同様の機会に遭遇した際，助言をもらわないようにするためにはどのように言ったらよいでしょう。

- **なかま同士でできること**：何か問題や悩みについて誰かに話す際，その相手が集中して聞いてくれたらとても嬉しいということを伝える方法を考えましょう。

- **みんなでできること**：保護者も参加する場合には，各専門分野合同チームの会議がはじまる前に，あなたがアセスメントの結果を会議で報告する際に，専門用語を1つでも使っていたら記録してもらうように，同僚に頼んでみましょう。

方略 4.
聞く時間を意識的に日課に組み込む。

- **ひとりでできること**：1日の中で5分だけ時間を取って，その時にやっていることをやめ，部屋の中の音にだけ耳を傾けてみましょう。

- **なかま同士でできること**：保護者との会議の様子を（了承を得て）録音します。そして，再生して，声の調子，話の中断，そして発話の頻繁さや速さに気を配って聞いてみましょう。

- **みんなでできること**：ある生徒がクラスで話しているところを，（了承を得て）サンプルとして録音します。そして，チームのメンバーに録音したものを聞いてもらい，その生徒の話すスキルについてフィードバックをしてもらいましょう。

方略 5.
聞くことやそれが生み出す効果を観察できるようになる。

- **ひとりでできること**：あなたが心地よいと思う聞く態度に注目しましょう。あなたは聞き手に「どのくらいじっと聞いてほしい」でしょうか。相手の話を理解して頷くといった態度が気に入っているのでしょうか。どのような態度を取られると，あなたは聞いてもらえていないと感じますか。

- **なかま同士でできること**：同僚と重要な話し合いをしている時，あなたはしっかり聞いているということをどのように示しますか。話し手からもっと話を引き出すために，どのようなことをしていますか。

- **みんなでできること**：あなたが大人数の人を相手に話す時，人々の取るどのような態度があなたの話を聞いているとあなたに思わせるでしょうか。どのような態度が話を聞いていないとあなたに思わせるでしょうか。そして，その態度はあなたが伝えるメッセージにどのような影響を与えるでしょうか。

方略 6.
聞くことをえり好みしているという自覚を高める。

- **ひとりでできること**：どのような番組を定期的に視聴していますか。それはなぜですか。どのような番組の時にスイッチを切ってしまいますか。そしてそれはどうしてですか。

- **なかま同士でできること**：同僚と話をする時，あなたがよく聞いてその内容をよく記憶している特定の話題はありますか。逆に，あなたがすぐに聞く気がなくなるような話題はありますか。それはなぜでしょうか。

- **みんなでできること**：生徒の成長について協議する際，同僚の出した結論が自分の出したものと一致している場合，より注意深く聞く傾向はありませんか。自分のものとは一致しない結論を同僚が出した場合，あなたがその人の話を聞く態度には何が起こっているのでしょうか。

方略 7.

効果的に聞くことを妨げているものの正体を明らかにする。

- **ひとりでできること**：3週間にわたって，あなたが人の話を聞くことを妨げている出来事，人々，あるいはその他の気を散らすものを記録します。それらは外的要因によるものなのでしょうか。それとも，あなた自身の内的な独り言によるものなのでしょうか。

- **なかま同士でできること**：学校環境のどのような状況が，同僚との会議の中で効果的に人の話を聞くことを妨げているのでしょうか。それらに関してあなたにできることを書きとめましょう。

- **みんなでできること**：チームとして「私たちが保護者の話をよりよく聞くことを改善するためにできることは何か」について考えてみましょう。これらをメンバーで共有した後，「それらを妨げているものは何か」についても互いに質問してみましょう。

方略 8.
効果的に聞くことを妨げる障壁を意識的に取り除く。

- **ひとりでできること**：方略 7. の「ひとりでできること」の実践活動で明らかとなった障壁のうち，取り除いたり減らしたりすることができるのはどれでしょうか。それらが外的な障壁であるのならば，その環境を変化させるような手段を講じましょう。それらが内的な障壁であるのなら，その妨げとなる独り言を次のメッセージで置きかえてみましょう。「人の話を聞くことを忘れないで。話を聞いていますか。相手は，今，何と言いましたか」

- **なかま同士でできること**：方略 7. の「なかま同士でできること」の実践で明らかにされた障壁を取り除くことに積極的に取り組みましょう。その際，あなたが障壁を取り除いて相手の話に十分な注意を向けることができるようにしていることを同僚に知らせておきましょう。

- **みんなでできること**：チームとして保護者の話をより注意深く聞けるよう目標を設定します。聞き方の進歩に絶えず注意するにはどのようにするか決めましょう。一学期に1度，年に3回程度，あなた方がどのくらい進歩したかについて協議しましょう。

方略 9.
非言語的なメッセージに注意を払えるようになる。

- **ひとりでできること**：お気に入りのテレビ番組にスイッチを入れましょう。最初の 5 分間，消音で番組を見ましょう。あなたは画面の中で何が起きていると考えましたか。音量を上げます。予測した通りの内容だったでしょうか。

- **なかま同士でできること**：企画会議での同僚の声の調子やジェスチャーの違いに，注意してみましょう。それらが特にいきいきとしているのは，どのような協議をしている時ですか。同僚は，議題への興味を示す際に，どのような非言語的なメッセージを使っているでしょうか。

- **みんなでできること**：チーム会議の際，もし誰かが混乱したり困惑したりしているようであれば，「〇〇さん，質問かコメントはありますか」などと聞いて，助け舟を出してあげましょう。

方略10.
メッセージの意図や目的を聞き取る。

- **ひとりでできること**：通常の業務における，あなたと同僚がやりとりしたパターンを記録しましょう。それらのメッセージは，丁寧なコミュニケーション，情報の獲得，あなた自身あるいはあなたの意見の弁護，なんらかの説明，それとも単なる報告など，どのような目的のためにやりとりされたでしょうか。

- **なかま同士でできること**：仕事中，周囲の人たちが「調子はどうですか」と聞いてきたとして，それが同じ聞き方だったとしても，質問の意図が異なってはいないでしょうか。どれが，単なる挨拶の質問だったのでしょうか。どれが，あなたにもっと話してもらいたくて言った質問だったのでしょうか。

- **みんなでできること**：援助チーム会議で伝えられるメッセージのすべてについて考えてみましょう。いろいろなタイプのメッセージ（アセスメントの報告，進歩の記録，成育歴，健康状態）を書きとめてみて，チームでこれらのメッセージの目的や意図をどう理解したかについて協議しましょう。それらのメッセージはコミュニケーションを促進するものでしょうか，それとも，妨げているでしょうか。

メモ用紙

　このページは，本書を読んだり，参考にしたりしている時に，ふっと浮かんだアイディアを書きとめるために使ってください。協働というものは，私たち一人ひとりが，お互いに身近な存在になることではじまるということを忘れてはいけません。

第6章
明確に話す

　大切なことは，何を話すかではなく，どう話すか，である。

ロバート・ボルトン

PeopleSkills, 1979, Simon & Schuster.

🏵 知っていること

　「明確に話す」とは，意味が意図した通りに受け取られるようメッセージを送ることです。

★ 明確に話せるようになると，効果的なコミュニケーションを行うすべての責任は自分自身にあることが理解できる。

★ 明確に話すということは聞き手に敬意を伝えることであり，相互のやりとりをする雰囲気を創り出すことでもある。

★ 明確に話せるようになると，一方的に決めつけるメッセージではなく，中立的なメッセージを送れるようになる。

★ より明確に話せるようになればなるほど，話の聞き手は私たちのメッセージをよりよく理解するようになる。

★ 明確に話すことによって，コミュニケーションのやりとりの効率がよくなり，さらに効果も高めることができる。

やっていること

	子どもに対してこの領域でよくやっていること	大人に対してこの領域で時々やっていること
1	子どもには自分が伝えようとする内容を十分に説明する。	同僚は自分が伝えようとしている意味を理解するだろうと期待する。
2	子どもには，自分自身を主語にして自分の気持ちを伝えるメッセージを使う（例えば，「先生は○○だと思う」など）。	同僚に対しては，相手を主語にしたメッセージを使う（例えば，「〈あなたは〉あるいは〈彼らは〉○○である」。
3	自分が何を望んでいるのか，何が必要かを常に子どもに伝えている。	同僚には，してほしいことや必要なことを伝えず，心に留めたままにしておく。
4	個々の子どものニーズに応じて，伝えようと思うメッセージを変えている。	聞き手である同僚が，今何を必要としているか（同僚のニーズ）を考えることができないでいる。
5	ある考えを子どもに説明するために，多くの方法を見いだしている。	同僚については，限られた方法によって考えを説明しようとしている。
6	子どもによりよく理解してもらえるように新しい語彙を探している。	同僚とのコミュニケーションにおいては"言い古された"言葉を使っている。
7	状況に応じて話すペースを変える。	ほとんどの場合に，同僚には同じようなペースで話を進める。
8	子どもがあることを達成したら必ず誉めている。	同僚の言っていることや活動していることに感心していても，それを言葉で相手に伝えることができない。
9	子どもがその行動を続けていくと困った状態に陥ることが予想される場合には，すぐにそれを本人に告げている。	ある同僚の言動について，本人に直接話すのではなく，誰か他の人に話すことが多い。

❊ できること：明確に話すための 10 の方略

1. 「私は〜」というメッセージの使い方を学ぶ。
2. 自分のメッセージがちゃんと理解されているかについて，責任をもつ。
3. あなたのメッセージに対するフィードバックをもらえるようにする。
4. メッセージの声の調子を意識する。
5. コミュニケーションの間にも，メッセージが理解されているかどうか確認する習慣をつける。
6. 話し言葉の語彙を増やす。
7. 言うべきことがあったのに，それを口にしようとしなかった状況を反省してみる。
8. 意見を言わずに，ひっこめてしまいそうになる状況でも，あえて意見を言える方法を見つける。
9. 自分自身が話している行動を観察できるようになる。
10. あなたが話し方を真似したいと思うようなロールモデルを決めて，そのモデルを観察する。

★明確に話すための方略と実践
――ひとりで・なかま同士で・みんなでできること！

方略 1.
「私は〜」というメッセージの使い方を学ぶ。

- **ひとりでできること**：1ヶ月間日誌をつけ，少なくとも1週間に2回は記入してください。まず，日々起きる，物議を醸すような問題，疑問，ジレンマを書き出します。それらの問題について説明する際に，次のような文を用いて文章を終わらせましょう。「この問題について，私は〜と感じる」「私は〜だと考える」「私は〜だと確信する」「私は〜するつもりだ」

- **なかま同士でできること**：同僚があなたに向かって誰か他の人のことを悪く言っているとします。それで，あなたが不愉快な気持ちになったら，次のように言ってみましょう。「うーん。私は，その人についてそのように感じたことはあまりないのだけれど」

- **みんなでできること**：あなたが，あまり効果的ではないと感じているチームや委員会の仕事を思い浮かべます。次回のミーティングでは，次のように切り出してみましょう。「皆さんと○○について話す必要があると思います。そして，私たちのミーティングをどうやったらよりよくできるか，考えを出し合いませんか」

方略 2.
　自分のメッセージがちゃんと理解されているかについて，責任をもつ。

- **ひとりでできること**：ストレスの多い状況下であなたはどのように表現しているか，考えてみましょう。あなたが誤解を受ける可能性のある表現方法とはどのようなものでしょうか。そのような状況において，どうしたら自分のことをよりよく理解してもらえるでしょうか。

- **なかま同士でできること**：同僚との話し合いの中で，あなたが何かについて長々と話してしまったら，一呼吸を置いて次のように尋ねてみましょう。「私の考えを明確に伝えられているかを知ることは，私にとって，とても気がかりなんです。ですから，私が話したことについてあなたがどのように理解したか教えていただけませんか」

- **みんなでできること**：援助チームの会議の後で，保護者と20分程度の話し合いの時間を設けましょう。チームとしてコミュニケーション・スキルの向上に取り組んでいること，そのためにも保護者の支援を必要としていることを伝えます。そして，ミーティング中に話されたことについて，保護者がどのように理解しているか，について話し合ってみましょう。

方略 3.
あなたのメッセージに対するフィードバックをもらえるようにする。

- **ひとりでできること**：フィードバックをもらうための質問を考え，次のようにいくつか書き出しておきましょう。「私の話はどのように伝わりましたか」「報告の中で，私は何か専門用語を使っていませんでしたか」「ミーティング中，にこやかにしていましたか」

- **なかま同士でできること**：あなたとよく話す人や，あなたが一緒にいて快く感じる人を心に浮かべます。そして，あなたがゆっくり話すよう心がけるといった具体的な努力をしていることを，その人たちに伝えてみましょう。一週間，あなたの様子を見てもらい，その観察からフィードバックをしてもらいましょう。

- **みんなでできること**：大人数のグループで話す時，メンバーにあなたのプレゼンテーションについて，匿名で簡単にできるアンケートに答えてもらうよう頼みましょう。例えば，次のような観点でランク付けしてもらいます。「話は的を射たものだったでしょうか」「アイコンタクトは取れていたでしょうか」「はっきりと聞こえるような声で話していたでしょうか」

方略 4.
メッセージの声の調子を意識する。

- **ひとりでできること**：あなたの部屋でのある1日の様子を録音してみます。再生した時に，あなたの声の調子，高さ，ペース，大きさをよく聞いてみましょう。自分自身にはどのようなパターンがあると気づきますか。

- **なかま同士でできること**：同僚との会話の間で，声の調子を変えてみましょう。例えば，重要なことを言いたい時に幾分かゆっくりと話したり，懸念を伝える時には静かに話してみたり，何かについて強い感情をもつ時は，大きな声で話してみましょう。それぞれのバリエーションでどのように感じるか，意図するものを伝えるのに役に立つかどうかを記録しておきましょう。

- **みんなでできること**：援助チーム会議で，許可を得て，録音します。それを再生して，自分の声のトーンを記録しましょう。他の人と比較してどうでしょうか。あなたの声は何を伝えているでしょうか。親近感を抱かせるでしょうか。形式ばっているでしょうか。高圧的でしょうか，それとも打ちとけたものに聞こえるでしょうか。

方略 5.

コミュニケーションの間にも，メッセージが理解されているかどうか確認する習慣をつける。

- **ひとりでできること**：「私の言っていることは伝わっていますか」という趣旨を尋ねる，あらゆる表現を書きとめてみましょう。あなたにとって最も自然に口にできるのはどれでしょうか。

- **なかま同士でできること**：みんなが理解しやすいように，あなたが明確に話せるように努力していることを同僚に伝えます。あなたの話の中で，相手を混乱させるかもしれない言葉や表現が使われていないか，もしそういうことがあったら教えてくれるようにお願いしてみましょう。

- **みんなでできること**：ある子どもに関するアセスメントの報告の間に，何度か時間をとって，次のように言ってみましょう。

「私は自分の話したことが確実にわかってもらえるようにしたいと思っています。私の言っていることは伝わっているでしょうか。そして，この子どもについてあなたが知っていることに私の話はどのように関連していたでしょうか」

方略6.
話し言葉の語彙を増やす。

- **ひとりでできること**：あなたが誰か他の人の努力をはっきりと認めることができるような表現方法を考えられるだけ考えて，書き出しましょう。定期的にそれを行い，リストに加えていくようにしましょう。

- **なかま同士でできること**：同僚が何かをしてくれたことについて感謝する時，彼らの行為があなたにもたらした良い結果を，具体的に伝えるようにしましょう。例えば，「私の書類箱にメモを残してくれてどうもありがとう。おかげさまでてんてこ舞いの日がとても明るくなりました」

- **みんなでできること**：子どもの援助チームで，生徒の強みを表現する多様な方法についてブレインストーミングをしましょう。それらの表現をリストアップし，リストにその都度付け加えていき，使いやすくしておきましょう。

方略 7.
言うべきことがあったのに，それを口にしようとしなかった状況を反省してみる。

- **ひとりでできること**：学校での 1 週間，あなたが自分の考えを口に出したいと思いながらも，できなかった時の記録を取りましょう。これらの出来事はどこで起こったのでしょうか。誰と一緒の時にそうなったのでしょうか。話題は何でしたか。

- **なかま同士でできること**：あなたの同僚との関係の中で，あなたとめったに意見が合わない相手はいませんか。その人に意見を言うことを妨げているものは何でしょうか。

- **みんなでできること**：あなたにとって，大人数のグループで安心して話せる状態はどのようなものですか。例えば，学年会では自分の考えをきちんと話せていますか。どのタイプの集団が最も話しにくく，どのタイプの集団が最も話しやすいでしょうか。それはなぜでしょうか。それを変えてみたいと思っていますか。

方略 8.
意見を言わずに，ひっこめてしまいそうになる状況でも，あえて意見を言える方法をみつける。

（※注：以下の実践は方略7.に直接関連しています）

- **ひとりでできること**：方略7.の「ひとりでできること」の記録から，自分の考えを口に出せると思う出来事あるいは状況のタイプを1つ選択します。そして，それを実行してみましょう。その後「どのような感じだったか」「結果はどうだったか」などと，検討してみましょう。

- **なかま同士でできること**：あなたが滅多に意見が合わない同僚を思い浮かべます。あなたにとって重要なテーマであって，あまり論争にならないような話題（例えば，生徒の成功を認めること）を見つけましょう。あなたが生徒の成功を誉めてあげる方法を増やしたり広げたりとしていることを同僚に話してみましょう。あなたのアイディアを述べて，その同僚からアイディアを出してもらいましょう。

- **みんなでできること**：あなたが意見を表明してみたいと思っているがそうすることにはためらいを覚えてしまうような大人数のグループを1つ選んでみましょう。次回は何かを言えるように計画を立てます。あなたが言う事を書きとめ，家の鏡の前で練習します。そして，実践に移してみましょう。

方略 9.
自分自身が話している行動を観察できるようになる。

- **ひとりでできること**：あなたはコミュニケーションを妨げるような話し方をしていませんか。およそ意味のない言葉や言い回しを何度も何度も口にしていませんか（例えば，「あー」「わかるでしょ」「ほら，あの」など）。

- **なかま同士でできること**：同僚との会話で，いつも誰が話し始めますか。だれが一番多く話しますか。話をする時，あなたは要点だけを話しているでしょうか。それとも遠回しに言っていますか。しゃべり過ぎてはいませんか。言葉が足りないことはありませんか。それともちょうど良いくらいですか。

- **みんなでできること**：あなたが集団の一員になった時，あなたの言動のパターンはどのようなものですか。すぐに発言してしまいますか。それとも，待ってから何かを発言しますか。たくさんの知らない人を前にして，落ち着いて話すことができますか。相手を変えながらそれぞれ話題を見つけるのは，あなたにとってはたやすいことですか。

方略10.
あなたが話し方を真似したいと思うようなロールモデルを決めて，そのモデルを観察する。

- **ひとりでできること**：あなたが素晴らしいと思うパーソナリティ（テレビ，ラジオ，映画などの）を思い浮かべてください。その人はどのような声をしていますか。その人が話す時の，声の調子，ジェスチャー，表情，明確さ，速度について聞いたり，観察したりしてください。

- **なかま同士でできること**：効果的なコミュニケーションのスキルをもっている同僚を思い浮かべましょう。1週間，その人の話し方を特徴づけているものは何か，聞いたり観察したりしてみましょう。それらの中で，あなたが改善できるのはどういった特徴でしょうか。それはどのようにしたらできるでしょうか。

- **みんなでできること**：話すのがとても上手な人あるいは教員を知っていますか。その人が聴衆の心を捉える話し方の特徴を明らかにしましょう。

メモ用紙

　このページは，本書を読んだり，参考にしたりしている時に，ふっと浮かんだアイディアを書きとめるために使ってください。協働というものは，私たち一人ひとりが，お互いに身近な存在になることではじまるということを忘れてはいけません。

チームワークの活性化に役立つヒントカード

——あなたの日々の生活でのストレスを減らし，生産性を上げるための100のアイディア
（ヒントカードは複製して使用することができます）

① 意見が合わない同僚に対処するための10のヒント

❶ 相手の意見で賛成できる点をみつけましょう。それを言葉に出してみましょう。

❷ 相手が受け入れられないのはあなた自身ではなく，あなたの意見であることを忘れないでください。

❸ 委員会等で，相手と積極的に協働しましょう。

❹ 相手の向かいの席ではなく，隣に座ってみましょう。

❺ 相手と一緒に生徒の記録を検討してみましょう。

❻ 同僚が何かについて「もっと話したい」と思うような機会を見つけましょう。

❼ 同僚の教え方に興味をもってください。

❽ あなたがなぜ教育者という職業を選んだか，同僚に伝えてみましょう。

❾ 同僚を変えることはできませんが，あなたの対応を変えることはできます。

❿ あなたは子どもたちの擁護者であり，それゆえに，あなたへの抵抗は普通のことだということを覚えておきましょう。

② エネルギーを上手に，効果的に活用するための10のヒント

1. 自分の考えや行動を刷新する活動に定期的に参加するようにしましょう。

2. あなたが「できる」ことを認識し，そこにエネルギーを注ぐようにしましょう。

3. 仕事は，やろうと思えば無限にあります。仕事をある程度絞るように注意しましょう。

4. 誰かに褒められた際には，必ず「ありがとう」と言うようにしましょう。

5. いつも後回しにしているけれども，やれば楽しいと思えるような活動をみつけて，機会を逃さずやりましょう。

6. 新しいスキルを学びましょう。

7. 前向きで元気な人たちと親しく付き合って元気をもらいましょう。

8. 子どもたちにあなた自身がこれまでの人生で体験した話をできるようになりましょう。

9. 同僚を褒める時は，具体的かつ，心からの賛辞を述べましょう。

10. 「いいえ」という意味を伝えたい時に，「はい」と言ってはいけません。

③ 一緒に支援にあたるスタッフ*と効果的に協働するための10のヒント

1. 支援スタッフとともに一日が始まり，一日が終わるようにしましょう。

2. 支援スタッフにできるだけ早く建設的なフィードバックを提供しましょう。

3. 具体的な行動についてその都度「ありがとう」と言うようにしましょう。

4. 支援スタッフをどのように支援したらよいか，その人自身に聞いてみましょう。

5. あなたが思っていることを実際にやって，支援スタッフに見てもらうようにしましょう。

6. それぞれの支援スタッフの個々のユニークな貢献を認めましょう。

7. 時には学校や仕事場とは異なる場所で会合をもちましょう。

8. 支援スタッフが活動の内容や，考え，感じたことについて日誌をつけるよう働きかけましょう。

9. 支援スタッフが学びたいと思うことを話してもらいましょう。

10. 支援スタッフのキャリア発達を支援しましょう。

* 支援スタッフには，事務職員や補助教員などを含む。

④ 差し障りの無いように異なる意見を伝えるための10のヒント

1. あなたが同意する点を見つけて、それについて（言葉にして）述べましょう。

2. 「しかし」より、「そして」という言葉を頻繁に使うようにしましょう。

3. 図表に議論のポイントを書いて、同意が得られない領域を記録しておきましょう。

4. それぞれに意見を書いてもらい、それを声に出して読み上げましょう。

5. 「私は反対です」ということを伝える自分なりの言い方を見つけましょう。例えば、「私はそれについて異なる見方をしています」などです。

6. テーマに関する「あなたの意見」を述べましょう。相手についての意見を述べるのではありません。

7. 相手が言っている内容についてあなたが理解していることを自分の言葉で言い換えてみましょう。

8. 考えてから話しましょう。

9. あなたの意見を支持する資料を見つけましょう。

10. 進んで「折り合おう」とする時と、そうではない時について認識しましょう。

⑤ 一方的に決めつける言葉を使わない ための **10** のヒント

1. 「いつでも」や「絶対にない」という言葉は避けましょう。

2. 「そうですね。だけど」ではなく,「そうですね, そして」と言いましょう。

3. もっと相手に話をしてもらえるよう頼んでみましょう。詳しく述べてもらうようにしましょう。

4. 話すことと同じくらい相手の話を聞くことにエネルギーを使いましょう。

5. 自分とは異なる意見を想定して, 喜んで受け入れる心をもちましょう。

6. 「なぜ」ではなく,「どのように」と聞きましょう。

7. 相手に,「アイディアを練る時間」を与えましょう。

8. どちらがいいか, 比較をするのではなく, 違いを説明しましょう。

9. あなた自身の「正しくなくてはならないという信念(ビリーフ)」について認識しましょう。

10. 「正しい」とは常に相対的なものであることを覚えておきましょう。

⑥ 自分の言いたいことを伝えるための10のヒント

1. あなたが言いたいことを書きとめましょう。

2. 友人を相手に，自分を表現する練習をしましょう。

3. 自信をもって話す自分の姿をイメージしましょう。

4. 話す前に深呼吸しましょう。

5. 実は同じ意見をもつ人に話しているかもしれないということを覚えておきましょう。

6. あなたが人前で話をした体験を日誌に記録しておきましょう。

7. はっきりと自分の考えを口に出している人を観察して，あなたが感心している特徴を書きとめましょう。

8. あるテーマについてあなたが意見を述べているのを録音してみましょう。

9. 録音したものを聞いて，あなたの語調が最も強いところを記録しておきましょう。

10. 同じメッセージを表現する10個の方法を書き出してみましょう。

⑦ 自分を主張するための 10 のヒント

❶ 主張する際は,「私は〜」と言ってください。

❷ 言い訳から発言を始めないようにしましょう。

❸ 自己主張をするうえでモデルとなる人を決めましょう。その人たちの自己主張の特徴について書き出しましょう。

❹ あなたの意見が相手の意見と異なる点を確認し,その異なる点について述べましょう。

❺ 相手のメッセージをあなたがどれくらい理解しているのか,点検しましょう。

❻ 他の人の意見をやりこめるのではなく,自分の意見をただ表明するのみにしましょう。

❼ ある問題について反対意見を述べていても,それは他の人と競い合っているのではないということを忘れないようにしましょう。

❽ ディスカッションの途中で,適宜休憩を取りましょう。時にはグループを再編成して始めましょう。

❾ 相手を認める時に,真摯で具体的な誉め言葉を使いましょう。

❿ あなたが本心では「いいえ」と思っている時に「はい」と言わないようにしましょう。

⑧　相手から最良のものを引き出すための 10 のヒント

1　相手にアイディアや意見を求めましょう。

2　テーマに関連する質問ができるように相手の話を十分に聞くようにしましょう。

3　今日的な問題についてブレインストーミングをする際，援助してもらえるように頼んでみましょう。

4　あなたが「メンバーの意見はどのような背景をもっているのか」理解していることを確かめましょう。

5　相手と共通の関心をもつように努力しましょう。

6　ある問題について質問や，話し合う必要があったら，いつ会って話すのが都合良いか，相手に聞いてみましょう。

7　真摯に具体的な方法で相手を誉めましょう。

8　個別に会って話すのに，一日のうちで一番都合のよい時間帯を把握しておきましょう。

9　話す時に費やすエネルギーと同じくらい，相手の話を聞くことにエネルギーを費やすようにしましょう。

10　相手があるテーマについて話し始めた時，それを発展させ，または詳しく述べられるよう，働きかけましょう。

⑨ ものごとをあなた個人に向けられたものとして捉えないようにする ための 10 のヒント

1. 質問の形式をとっているものの，実はそれは意見表明である場合が多々あります。それらには答える必要はありません。

2. メッセージの意味を明確にしてもらいましょう。

3. メッセージはふつう，あなたについてよりも，その話し手に関するものを伝えていることが多いのです。

4. あなたが世の中のすべてに責任を負っているわけではありません。

5. 話し手は恐らくたくさんの人に向けてそう言っているのです。あなたは，たまたま直接メッセージを受け取る相手になってしまったにすぎません。

6. その人について風刺した漫画を思い浮かべてみましょう。それほど深刻に考えなくていいのです。

7. 友達を安心させるのと同じ方法で，自分自身も安心させましょう。

8. あることについて，話した相手は，あなたが受けとめたようなことを伝えたかったのかどうか，聞いて確認しましょう。

9. あなたの課題に「対応する責任感」を高めるのではなく，あなたの課題に「対応する能力」を高めましょう。

10. 人が怒るのはあなたに対してというより，むしろ，その状況に対して怒っているということが多いのです。

⑩ このヒントカードを活用するための 10 のヒント

❶ ヒントカードを色紙(いろがみ)にコピーしたものをラミネート加工して掲示しましょう。

❷ 作った九つのヒントカードから「今月の目標」を選び，いくつかの提案を実際にやってみて，結果を記録しましょう。

❸ 職員会議の協議のテーマとして，ヒントカードのうち1つを選び，検討してみましょう。

❹ 実績を評価するツールとして，ヒントカードに書かれていることが実際にできている人に渡しましょう。

❺ キャリア発達のために，ヒントカードに関連する目標を立てましょう。

❻ チーム，委員会，特別専門委員会のメンバーに，改善したいと考える領域を選んでもらいましょう。

❼ カードが示唆することをまず生徒と一緒に実施して，次に同僚とやってみましょう。

❽ カードに書いてあることを実施する場合，あなたにとってはたやすいことと，難しいことがあります。その理由についてじっくりと考えてみましょう。

❾ 何か改善したいことがあれば，自分自身のヒントカードを作りましょう。

❿ あなたの目標に向けての進歩をふりかえる日誌をつけましょう。

おわりに

　本書は，私たち教育者が互いに尊敬し合い，互いの関わりを意識して振る舞うことの大切さをお伝えするために書かれています。私たちは教育者として皆，生徒のために一致団結して未来に向き合っているからです。本書では，教師や保護者，生徒，コミュニティの中で充実した協働が行われるのに役立つ，たくさんの方略や実践を紹介したつもりです。そして，ひょっとするとこの本がヒントになって，読者の皆さん自身が，それぞれの状況下で実践できるようなアイディアを考えつかれたかもしれません。教育者である私たちは，生徒のロールモデルであり，私たちが行う他者とのコミュニケーションは，効果的なコミュニケーション，そして生産的な問題解決のお手本となります。生徒は，私たちがどのように振る舞うのかを見て，何を話すのかを聞いて，「さすが」と感心するのです。

　効果的なコミュニケーションは，次にあげる6つの要素「今後に期待をもつ」「前もって準備しておく」「さまざまなものの見方を理解する」「質問する」「人の話を聞く」「明確に話す」を実行できるかどうかにかかっています。これらをすべて効果的に行えた時，生徒にとって良好な学習環境を提供するという全体的な目標を達成することができた，と言えるのです。

著者から

　この本を執筆することは，私にとって大変光栄なことでした。私は15年間にわたって協働とコミュニケーションに関する授業，ゼミや，ワークショップで教えてきました。その間に私が出会った生徒たちは，私にとって最も貴重な学びを与えてくれました。私はアメリカ全土，さらには国外でもワークショップや教員養成の機会をもつことができまし

た。スピーチセラピスト，カウンセラー，教員，特別支援学校の校長，准教授として 30 年以上を過ごしました。私の経験が，読者の皆様が置かれたそれぞれの状況で協働的な実践を生みだす一助になれたら，とても嬉しく思います。

参考図書

石隈利紀（1999）学校心理学——教師・スクールカウンセラー・保護者のチームによる心理教育的援助サービス　誠信書房

石隈利紀・伊藤伸二（2005）やわらかに生きる——論理療法と吃音に学ぶ　金子書房

石隈利紀・田村節子（2003）石隈・田村式援助シートによるチーム援助入門——学校心理学・実践編　図書文化社

 **用語集**

ミーティング

　教職員が子どもの教育や学校の運営について話しあう会議。教職員会議，企画会議，教育相談委員会，校内委員会，学年担任会議，教科担任会議などがある。会社などでは，社員の一般の会議と読み替えることができる。

援助チーム

　学校ではすべての子どもが学校生活を充実して送るよう援助する。子どもによっては，学校生活での困難があり付加的な援助が必要なことがある。このような付加的な援助を検討するのが「援助チーム」である。学校では，3種類の援助チームがある。第一に「個別の援助チーム」であり，学校で苦戦している（特定の）子どもの理解と援助案の検討を行う。主な出席者は，保護者，担任，コーディネーター役（養護教諭，生徒指導・教育相談担当，特別支援教育コーディネーター，スクールカウンセラーなど）である。第二に，教育相談委員会や特別支援教育の校内委員会であり，子どもへの援助のコーディネーションを行う「コーディネーション委員会」とよべるものである。主な出席者は，生徒指導・教育相談担当，特別支援教育コーディネーター，養護教諭，スクールカウンセラー，そして校長・教頭などの管理職であり，必要に応じて子どもの担任などが加わる。第三に，子どもへの援助を学校全体で話しあう企画委員会や運営委員会であり，「マネジメント委員会」の機能を果たすものである。本書で「援助チーム」（会議）と言う時は，個別の援助チームまたはコーディネーション委員会をさすことが多いが，マネジメント委員会のコミュニケーションの機会として同様である。広義では，「チーム」は問題解決を意識したチームやプロジェクトチームなど，共通の目的をもって行動するあらゆる集団をさす。

同僚

　子どもの成長のために共に働く大人のこと。「なかま」や「教職員」と同義。広義では，共に働く者。

監訳者あとがき

　学校では，教職員が子どもの教育を少しでも改善しようとがんばっています。また不登校，いじめ，発達障害等で苦戦している子どもには，合理的配慮をはじめ，きちんとした援助を行うようつとめています。そして子どもの学校生活をよりよくする鍵は，「大人のチームワーク」です。本書は，大人のチームワークにおけるコミュニケーションの実践的なスキルを紹介するものです。実践的なスキルとは，「今後に期待をもつ」「前もって準備しておく」「さまざまなものの見方を理解する」「質問する」「人の話を聞く」「明確に話す」の6つです。

＊　＊　＊

　本書は，「教師は子どもに対しては，相手を尊重して，ていねいなコミュニケーションをとっているのに，同僚とのコミュニケーションでは子どもへの対応の力を活かしていない」という前提で書かれています。子どもへのコミュニケーションにも悩む方もおられるかと思いますが，大人への対応の方でていねいさを欠いていることが多いのは確かです。子どもとのコミュニケーションをふりかえりながら，同僚とのコミュニケーションの課題に気づき，改善していきましょう。本書は，教師・スクールカウンセラー・保護者ら，子どもに関わる人にはもちろんですが，学校関係者以外でも「チームワーク」に取り組むすべての人に役立つと思います。

＊　＊　＊

さて本書は,「学校心理学」と「論理療法」の2つの学問的な背景をもっています。第一に「学校心理学」は,一人ひとりの子どもの学習面,心理・社会面,進路面,健康面における問題状況や危機状況を援助する心理教育的援助サービスの理論的・実践的な体系です（石隈,1999；石隈・田村,2003)。「みんなが資源　みんなで支援」をキーワードとして,大人のチームで,子どもの学校生活の質を維持し向上させることをめざしています。とくに不登校,いじめ,発達障害等で,付加的な援助を必要とする子どもへの援助は,「援助チーム」での十分なコミュニケーションにもとづくチームワークが求められます。第二に「論理療法」は認知行動療法の1つの体系です。「人を落ち込ませたり怒らせたりするのは,出来事ではなく,その人の考え方（認知）である」という捉え方で,自分とのつきあい方やなかまとのつきあい方に示唆をあたえてくれます（石隈・伊藤,2005)。「一人ひとりに多様な考え方があり,多様な事情がある。さまざまなものの見方を理解する」「なかまの考え方を理解するために,質問上手になり聞き上手になる」「自分の意見は〈私はこう思う〉として明確に伝え,それをどう受け止めるかは,相手の自由であることを認める」そして「会議はいつもうまく進むとは限らないので,コミュニケーションの破綻も予測して,準備する」など本書のヒントは,論理療法に通じるところがあります。

＊　＊　＊

　本書は中田正敏先生が翻訳したものを,私が翻訳を確かめ改善のお手伝いをしたものです。中田先生は,教育行政,学校教育の現場で,多くのチームワークを工夫し,成功してきた方です。大げさですが,中田先生は「チームワークの達人」です。本書はまた,福田美紀さん（筑波大学教育研究科2年生）や研究室のなかまに,翻訳を点検していただきました。心からお礼申しあげます。最後になりましたが,本書の完成を粘り強く支援してくださり,また何度も貴重な助言をいただきました,誠信書房

の松山由理子様と佐藤道雄様に深謝いたします。本書は,原著者と翻訳者と編集者のチームワークで,みなさまのところにお届けできることになりました。

監訳者　石隈利紀

監訳者紹介

石隈利紀
1950年生まれ
1990年　アラバマ大学大学院博士課程修了
専　門　学校心理学
現　在　筑波大学副学長，学校心理士スーパーバイザー，特別支援教育士スーパーバイザー
著　書　『学校心理学——教師・スクールカウンセラー・保護者のチームによる心理教育的援助サービス』1999年　誠信書房，『やわらかに生きる——論理療法と吃音に学ぶ』（共著）2005年　金子書房，『寅さんとハマちゃんに学ぶ助け方・助けられ方の心理学——やわらかく生きるための六つのレッスン』2006年　誠信書房，『石隈・田村式援助シートによるチーム援助入門——学校心理学・実践編』（共著）2013年　図書文化

企業勤務・塾経営の後，30代に米国で心理学を学び，アラバマ大学大学院で学校心理学のPh.D（博士）。39歳で帰国し，筑波大学学生相談室カウンセラーを経て現職。趣味はカラオケ，映画鑑賞，スポーツ観戦。

訳者紹介

中田正敏
1950年生まれ
1976年　東京教育大学大学院文学研究科専攻西洋史学修士課程修了
2007年　神奈川県立田奈高等学校長（クリエイティブスクール）
専　門　ロシア思想史，支援教育
現　在　明星大学教育学部教育学科特任准教授
著　書　『高等学校の特別支援教育Q&A——教師・親が知っておきたい70のポイント』（共編）2013　金子書房

大学院でロシア史を学び，神奈川県で高等学校で世界史の教員。吹奏楽部の顧問。その後，40代から支援教育，教育相談に関係した教育行政職を10数年。盲学校と高等学校の校長を経て，現職。現在の研究テーマは対話的な関係性を軸とした学校組織論。趣味はクラシックギターと読書。

教師のチームワークを成功させる6つの技法
——あなたから始めるコミュニケーションの工夫

2015年2月25日　第1刷発行

監訳者　石隈利紀
訳　者　中田正敏
発行者　柴田敏樹
印刷者　田中雅博

発行所　株式会社　誠信書房
〒112-0012　東京都文京区大塚3-20-6
電話　03(3946)5666
http://www.seishinshobo.co.jp/

印刷・製本：創栄図書印刷　　乱丁・落丁本はお取り替えいたします
検印省略　　無断での本書の一部または全部の複写・複製を禁じます
©Seishin Shobo, 2015　　　　　　　　　　　　　　Printed in Japan
ISBN 978-4-414-20220-5 C1037

寅さんとハマちゃんに学ぶ助け方・助けられ方の心理学
やわらかく生きるための六つのレッスン

石隈利紀 著

映画『男はつらいよ』を見て、泣いたり笑ったりするうちに、癒やされたことのある人は多い。また『釣りバカ日誌』を見て、悩みながらも人生を楽しもうと考える人も多い。心理学者でありカウンセラーでもある著者が、フーテンの寅さんと釣りバカのハマちゃんから、助け・助けられて生きるヒントを紹介する。

目 次
1 フーテンの寅さんと釣りバカ日誌のハマちゃん
2 寅さん——百人に対して百の顔をもつ
3 ハマちゃん——百人に対して一つの顔で接する
4 みんなが資源、みんなで支援——チーム援助
5 やわらかく生きるための6つのレッスン
さいごに：三つの祈り——自分とうまくつき合うために
付録：あなたの寅さん度・ハマちゃん度テスト

四六判並製　定価(本体1200円+税)

学校心理学
教師・スクールカウンセラー・保護者のチームによる心理教育的援助サービス

石隈利紀 著

日本における「学校心理学」の体系を提示し、それに基づいて一人ひとりの子どものニーズに応える学校教育サービスの新しいシステムを具体的に示した決定版。教師、スクールカウンセラー、保護者、教育行政担当者、心の教室相談員など、子どもの援助に関わる人びとの必読書。著者の体験談が豊富に盛り込まれており、わかりやすく読みやすい。

目 次
第Ⅰ部　理論編——学校心理学の体系
　1 新しい学校教育サービスをめざして
　2 アメリカにおける学校心理学
　3 日本における学校心理学
　4 心理教育的援助サービスの基礎概念 /他
第Ⅱ部　実践編——心理教育的サービスの実践活動
　8 心理教育的アセスメント
　9 カウンセリング
　10 教師・保護者・学校組織へのコンサルテーション
　11 学校心理学の固有性と今後の課題 /他

A5判上製　定価(本体3800円+税)